나는 해외에서 먹고산다

나는 해외에서 먹고산다

초판 1쇄 2018년 6월 28일

지은이 서주형 · 서대규 외

발행인 주은선
펴낸곳 봄빛서원
주 소 서울시 강남구 테헤란로 146 현익빌딩 13층
전 화 (02)556-6767
팩 스 (02)6455-6768
이메일 books@bomvit.com
페이스북 www.facebook.com/bomvitbooks
등 록 제2016-000192호

ISBN 979-11-89325-00-8 03320

이 도서의 국립중앙도서관 출판예정도서목록(CIP)은
서지정보유통지원시스템 홈페이지(http://seoji.nl.go.kr)와
국가자료공동목록시스템(http://www.nl.go.kr/kolisnet)에서 이용하실 수 있습니다.
(CIP제어번호: CIP2018018504)

나는 해외에서 먹고산다

재지 말고 저질러 봐!
9개국 해외취업 도전과 성공

서주형 · 서대규 외 지음

봄빛서원

해외취업 기회에 대해 단순히 직급이나 및 연봉으로 얘기하는 글은 많지만 이처럼 솔직하고 담백하게 얘기해주는 책은 없었다. '차별화된 기회를 찾겠다'는 목표를 가지고 'Where to play'와 'How to play'를 고민하는 사람들에게 이 책은 생생한 대리 체험이 될 것이라 믿어 의심치 않는다.

_ **맥킨지 & 컴퍼니 스페셜리스트 컨설턴트, 김기홍**

해외에서 정착해 살고 일한다는 것은 종종 낭만적으로 비쳐진다. 하지만 실제로 해외로 나가려면 새롭고 낯선 환경에서 생존하기 위해 끊임없는 노력과 집요함, 그리고 용기가 필요하다. 새로운 것들을 열린 마음으로 수용한다면 결국은 값으로 매길 수 없는 새로운 세상과 넓은 시야를 누릴 수 있을 것이다. 이 책의 저자 10인은 자신의 인생과 성공담을 공유함으로써 해외취업을 갈망하며 첫 도약을 계획하는 이들에게 영감을 주고자 한다.

_ **BMW 본사 스타트업 엑셀러레이터 매니저, 요크 렉텐발트**

『나는 해외에서 먹고산다』는 다양한 문화권에서 공부하고 일한 내가 적극 공감할 수 있는 내용들이다. 여러분이 시작하려는 여행은 매우 설레고 즐겁기도 하지만, 동시에 두렵기도 할 것이다. 하지만 분명 보람 있는 일이다. 어렸을 적 친구 집에 머물며, 다른 가족의 모습을 지켜볼 수 있는 기회가 있었을 것이다. 이와 같이 조금은 색다른 경험이 여러분을 기다리고 있다. 낯선 나라, 심지어 낯선 대륙에서 매일 새로운 것들을 경험하게 될 것이다. 다양한 관리 스타일, 조직 구성에 대한 경험 이외에도, 다양한 문화권의 동료들과 함께 일하는 방법까지 말이다. 하지만 가장 중요한 것은 이것을 통해 나 자신을 알게 된다는 점이다. 'Do it!' 해외로 도전을 준비하는 이들에게 내가 하고픈 조언이다!

_ 한국타이어 스웨덴법인 마케팅 매니저, 크리스틴 실버스버레

해외에서 일을 하고 싶다는 학생들과 직장인은 많다. 그런데 막상 졸업을 하면서 또는 회사 재직 중에 해외로 진출하는 이들은 많지 않다. 이 책은 우리의 젊은 인재들이 글로벌한 꿈을 실현할 수 있도록 현실적인 조언을 제공해주는 안내서가 되어줄 것이다.

_ 카이스트 경영대학원 취업지원 실장, 윤미자

나는 공간의 힘을 믿는다. 어떤 공간에서 누구를 만나느냐가 우리가 살아가는 방식과 경험의 폭을 현저히 바꾸어놓는 것을 매일 목도하고 있다. 좀 더 성장한 새로운 나를 꿈꾸고 있는 사람들, 특히 그 공간을 해외로까지 확장하고자 하는 이들에게 실질적인 용기를 줄 수 있는 이 책을 권한다.

_셰어하우스 우주(woozoo) 부대표, 이아연

어느 때보다 해외취업에 대한 관심이 높다. 주변에서 문의해오는 분들도 많다. 이런 상황에서 누군가의 해외취업 성공사례는 절실하다. 먼저 도전하고 먼저 새로운 인생을 시작한 10명의 이야기. 해외취업을 고민 중이라면 이 책을 먼저 펼쳐보자.

_HBR Forum Korea 대표, 김재윤

많은 이들이 외국계 기업을 동경하고 해외취업을 노린다. 『나는 해외에서 먹고산다』는 추상적이고 뻔한 이야기가 아닌 다양한 국가로 진출한 선배들의 진출 과정과 적응기가 상세히 녹아 있다. 따라서 가장 실질적인 지침서다. 꼭 해외취업을 생각하지 않더라도 진로로 고민하는 청년들에게 어떻게 자신의 삶을 개척하면 좋을지 이 책에서 인사이트를 찾을 수 있을 것이다.

_진로교육기업 티가든 대표, 채승우

좀 더 안락한 삶 또는 고액 연봉이라는 장밋빛 미래를 바라며 해외취업에 대한 꿈을 키우는 사람들은 많다. 하지만 막상 현실은 다른 문화 및 언어 문제로 인해 해외에 적응하지 못하고 한국으로 다시 돌아가는 경우가 많이 있다. 이 책은 해외에서 일하고자 하는 젊은 인재들에게 해외에서 어떻게 적응할 수 있는지 조언을 해주는 길잡이가 될 것이다.

_ FIS 시니어 컨설턴트, 제임스 고

이 책의 저자 중 한 명에게 멘토링을 받아서 실리콘밸리로 진출할 수 있었다. 내가 멘토에게 배운 해외취업 노하우가 이 책에 고스란히 담겨 있다.

_ Qlair 공동 창업가 & 전무이사, 홍민식

각 국의 이야기를 읽다 보면 마음을 움직이는 나라를 만날지도 모르겠다. 자기 삶의 배경을 선택하는 데 이 책이 조금이나마 도움이 될 것 같다.

_ 베르사체 액세서리 디자이너, 김아영

"뭔가 의미 있는 일을 해보자!"

『나는 해외에서 먹고산다』는 2017년 여름, 스웨덴 스톡홀름 시내의 한 커피숍에서 머리를 맞댄 두 남자의 아이디어에서 시작되었습니다.

'우리가 가진 해외 경험을 가지고 뭔가 의미 있는 일을 해보자'라는 취지에 의기투합한 두 사람은 이를 콘텐츠로 만들기 위해 해외에서 일하고 생활하는 지인들 중 함께할 공동 저자들을 선정했습니다.

이후 9개국 10개 도시에서 일하며 살고 있는 사람들이 같은 생각으로 이 책을 출판하기 위해 지난 1년간 앞만 보며 달려왔습니다. 이 책을 통해 해외에서 일하고 있는 현재의 상황과 해외취업 준비 과정은 어땠는지, 또 해외에서의 생활이 상상했던 것과 어떻게 다른지, 그런 가운데 무엇을 느꼈는지 등을 중점적으로 전하고자 합니다.

독자들에게 다양하고 의미 있는 정보를 전달하기 위해 최대한 여러 나라와 도시의 직업군에서 일하고 있는 개인의 상황을 적절히 반

영해서 공동 저자들을 구성했습니다. 이를 통해 해외취업을 고려하는 재학생 및 졸업생, 이미 한국에서 회사를 다니고 있지만 해외로 이직이나 파견 의사가 있는 사람들이 참고할 만한 해외취업의 과정뿐만 아니라 각 저자들이 체험한 나라와 도시의 특성도 담았습니다.

이 책을 쓴 10명의 공동 저자들은 모두 한국에서 태어나 한국의 정규 교육을 받은 평범한 사람들입니다. 저자들에게 한 가지 공통된 특성이 있다면 진취적인 자세로 본인의 진로를 고민하고 도전하는 무대를 한국 밖으로까지 펼쳤다는 점입니다. 일반인들과 전혀 다르지 않고, 어떠한 면에서는 오히려 부족함이 많은 저자들의 경험을 통해 여러분도 충분히 도전하고, 성취할 수 있다는 점을 알려 드리고 싶습니다. 이 책을 읽는 독자들이 해외취업 및 생활과 관련된 정보를 얻을 뿐만 아니라, 적극적이고 진취적으로 자신의 인생을 계획하고 실천으로 옮기는 계기를 마련하기를 바랍니다.

이 책의 모든 저자가 해외생활 중 갖게 된 공통된 의견이 있습니다. 바로 '한국인들의 경쟁력이 정말 세계적이다'라는 점입니다. 전 세계 그 어느 국민보다 근면하고 성실하게 살아온 한국의 인재들이라면 세계 그 어느 무대에서라도 충분히 경쟁력을 지닐 수 있으리라 믿습니다. 이 책을 통해, 그리고 저희 10명의 저자들의 경험담을 통해 여러분이 용기를 얻어 도전할 수 있기를 바랍니다.

바쁜 회사생활과 글쓰기를 병행하면서도 최선의 노력을 다했음에도 여러 가지 부족한 점이 많았음을 고백합니다. 집필 및 출판 경험이 부족한 우리에게 방향을 제시하고 조언을 아끼지 않으신 봄빛서원 대표님과 담당자 분들, 옆에서 묵묵히 응원하고 지원해준 가족들에게 다시 한 번 감사의 말씀을 전합니다.

마지막으로 이 책을 읽고 조금이나마 공감하고 자신의 인생에 대해서 고민하고 도전하는 자세로 미래를 계획해나갈 많은 독자 여러분에게도 미리 깊은 감사를 전합니다.

서주형·서대규 외 저자 일동

아무것도 하지 않으면
아무 일도 일어나지 않는다

————

Contents

Part 1

지금 당장 영어를 못해도 된다
영어 울렁증부터 없애자

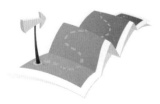

Part 2

두드리면 열린다!
야무지고 똑똑하게

Part 3

기회는 기다리지 않고
잡는 것이다

Part 1

지금 당장 영어를 못해도 된다
영어 울렁증부터 없애자

—

한국에서 직장 경험은 해외 근무의 가장 큰 경쟁력
영어 울렁증 마케터 스웨덴 주재원이 되다(서대규)

불도저 정신으로 호주를 뒤흔들다
창의적 전략과 체계적 실행(양성원)

방향을 잘 잡으면 실패는 없다
이탈리아 모델리스트로 멋지게 살다(이승우)

Sweden

서대규 (스웨덴)

- **(현) 한국타이어 스웨덴법인 주재원**
- **한국타이어 본사 마케팅전략팀 및 해외영업팀**
- **예비 마케터 1:1 멘토링 프로젝트**

한국에서 직장 경험은
해외 근무의 가장 큰 경쟁력

영어 울렁증 마케터 스웨덴 주재원이 되다

국내 기업의 조직생활은
해외취업에 유익하다

∷

대학시절, 지독하게도 마케터가 되고 싶었다. 10년이 훨씬 지난 지금에도 왜 그렇게 마케터가 되고 싶었는지는 정확하게 기억나지 않는다. 아마도 나와 마찬가지로 문과 계열 대학생들이 '마케팅'이라는 화려해 보이는 직무에 많은 관심을 가지고 있을 것이다. 나 역시 마케터라는 직업이 무슨 일을 하는지 단편적으로만 알고 있었지만 그저 '마케터'가 되고 싶었다. 전공 공부나 학점관리에는 노력과 관심이 부족한 열등생이었기에, 남들과 차별화된 마케팅 관련 대외활동과 공모전을 통해 끊임없이 도전했다. 이러한 노력 덕분에, 대외활동 1세대로 소속 대학교에서 꽤 이름을 날린 '대학생 마케터'로서 대학생활을 보람 있게 마무리할 수 있었다.

이후 그렇게도 희망하던 대기업 본사 마케팅전략팀에 입사하여 마케터의 꿈을 이루었다. 당시만 해도 함께 마케팅을 공부하던 선후배들 중에서 실제로 마케팅 현업으로 취업을 한 사람은 내가 유일했다. 꿈을 이뤘다는 행복함도 잠시, 이내 대학시절 꿈꿨던 마케터와 실제 업무와의 괴리감이 밀려와 2년 동안 수도 없이 퇴사를 고민했다. 긴 터널 같았던 신입사원 2년 동안 퇴사할 때 하더라도 뭔가는 배우고 나가자는 생각으로 버텼던 것 같다. 2년 동안 했던 허드렛일과 몸으로 때워야 했던 일들이 나중에는 거짓말처럼 소중한 나의 기초 체력이 되어 회사에서 빠르게 성장할 수 있었다.

마케팅 부문에서 자신감을 쌓아갈 무렵 갑작스레 해외영업팀으로 발령을 받게 되었다. 당시 가장 자신 없어하던 것 중 하나가 영어였을 정도로 영어 울렁증이 정말 심했다. 엎친 데 덮친 격으로 회사는 영어 부진아인 나에게 해외영업 중에서도 직접 영업활동을 해야 하는 '아프리카 직거래' 업무를 맡겼다. 나의 초라한 영어 실력이 부끄러워 전화 통화를 할 때마다 목소리가 기어들어가기 일쑤였다.

대학교를 휴학 한 번 없이 4년 만에 졸업하는 과정에서 해외 어학연수나 교환학생 등 해외 경험을 할 기회가 없었다. 대학시절 내내 대외활동/공모전 등 마케팅 관련 활동에 모든 에너지를 쏟아붓다 보니, '영어' 공부에는 소홀했다. 그런 내가 하필이면 아프리카 직거래 지역을 담당하게 되어 모든 거래선과의 소통을 '영어'로 진행해야 한다는 사실은 정말 청천벽력과도 같았다.

하지만 나만의 방법과 노력으로 영어라는 한계를 뛰어넘어 성공적인 해외영업 성과를 이뤄냈고, 이어 회사로부터 주재원 제안을 받을 수 있었다.

현재는 스웨덴 스톡홀름에서 주재원으로 5년째 근무 중이다. 노동자 천국으로 불리는 스웨덴에서 현지 스웨덴 직원들과는 전혀 다른 신분인 외국인 노동자(주재원)로 근무하며 겪고 배우고 느끼는 것들을 여러 사람들과 공유하고 싶어 현재 네이버 블로그 및 브런치 작가로도 활동 중이다.

'마케터'가 되고 싶었던 대학생이, 실제 현업 마케터로서, 그리고 영어 울렁증을 극복하고 해외영업, 현재의 해외 주재원을 해내기까지의 경험담을 여러분에게 들려줄 예정이다. 그리고 지난 4년간의 스웨덴 생활을 통해 경험한 직장인으로서, 딸을 가진 아빠로서 느끼는 스웨덴 스톡홀름에 대한 이야기도 전해주려고 한다. 나의 경험담이 스웨덴 생활을 준비하거나, 주재원 생활을 고민하는 누군가에게 도움이 되길 바라며, 지극히 주관적일 수밖에 없는 나의 이야기가 최대한 객관적으로 전해지도록 노력했음을 밝혀둔다.

경력 관리를 위해
회사 조직 구조부터 파악하자

::

대학시절 상상했던 마케팅 실무와, 실제 마케팅 실무 간의 괴리감이 너무나 커서, 초기 2년은 수도 없이 퇴사를 고민하였다. '마의 첫 2년'을 힘겹게 통과하고 마케터로서 발전하고 있는 나의 모습에 점차 행복해하던 때, 회사의 권유로 해외영업팀으로 자리를 옮기게 되었다. 사실 이렇게 직무를 순환하게 된 것은 회사 구조적인 특성과 관련된다. 해외에 30개가 넘는 지사를 보유하고 있는 회사 특성상, 실제 해외 근무 인력이 다른 회사에 비해 많다. 그리고 해외영업팀 실무가 해외 근무의 기본이 된다. 그런 이유들로 인하여 나 역시 자연스럽게 해외영업으로 팀을 옮기게 된 것이다.

상사(대표적인 회사가 대우 인터내셔널)가 아닌 이상 해외영업팀에서 근무하더라도 실제로 거래선을 발굴하고 거래선에 영업 활동을 하는 경우는 드물다. 그 이유는 이미 해외지사에서 직접 영업을 하고 있기 때문이다. 본사에 근무하는 해외영업팀 직원은 자신이 담당하는 해외지사의 업무를 지원해주는, 즉 '해외영업'의 '지원' 역할을 맡게 된다. 나 역시 해외영업팀으로 옮기며 이러한 역할을 맡을 거라 예상했지만, 실제 맡게 된 업무는 예상과는 전혀 달랐다.

가장 많은 해외지사가 포진해 있는 유럽과 미주 지역 담당 팀으로 발령이 날 것으로 기대했지만 실제로는 중동과 아프리카를 담당하는 팀으로 발령이 났다. 게다가 하필이면 우리 회사가 현지에 지사를 가지고 있지 않아 본사 담당자가 직접 거래선을 상대로 영업을 해야 하는 '아프리카 직거래 국가'들을 담당하게 되었다.

아프리카에는 UN 가입국 기준으로 54개의 국가가 있다. 당시 소속된 해외지사가 관할하지 않고 있는 약 45개의 국가를 나 혼자서 관리해야 하는 상황이었다. 처음엔 아프리카에 그렇게 많은 나라가 있는지도 몰랐다. 마케팅 부문에서 긴 암흑기를 지나 드디어 마케터로서 조금씩 빛을 보고 있다고 생각하던 참이었다. 그런데 갑자기 해외영업, 그것도 '아프리카 직거래' 지역을 담당하며 상상해보지도 못한 이유로 다시 한 번 회사생활의 위기를 겪게 된 것이다.

당시 우리 회사 사무실은 소위 '닭장'이라고 불리는 '파티션'이 개인 자리마다 빼곡히 세워져 있었다. 거래선들과 전화통화를 할 때마다 영어를 못하는 자신이 너무 부끄러워 수화기를 들고 책상 밑으로 꼭꼭 숨어 모기 소리만한 목소리로 대화를 나누곤 했다. 실제로 내 영어에도 부족함이 있었지만, 정말 아프리카 영어는 상상을 초월한다. 여러분이 아프리카 영어를 일로서 접하지 않길 바란다. 이 글을 통해 아프리카 영어를 극복할 수 있었던 작은 경험과 노하우를 소개한다.

관계가 언어 실력보다 중요하다

::

사실 다양한 사고와 문제가 발생하는 아프리카 직거래 영업은 팀 내 선임들의 몫이었다. 발령 당시 기존 팀원들도 아프리카 직거래를 담당하고 싶어하지 않았던 터라 '굴러들어온 돌'인 내가 어쩔 수 없이 해당 업무를 담당했던 것 같다.

몇 달을 거래선 담당자들의 정체 모를 아프리카 영어와, '괴발개발' 서툰 나의 영어로 버티던 즈음, 아프리카로 첫 출장을 가게 되었다. 당시만 해도 아프리카행 항공료가 만만치 않았기에 비용 효율성을 따지지 않을 수 없었다. 한 번 갈 때마다 최소 3, 4개국으로 2주 정도의 긴 출장을 다녀오곤 했다.

'실제로 만나보고 서로 인간적인 관계를 맺으면 업무가 훨씬 수월해지지 않을까'라는 생각에 일단 부딪혀보기로 하였다. 첫 출장 때는 가장 중요한 거래선들은 국가나 이동거리를 따지지 않고 최대한 모두 방문하는 일정을 잡았다. 그때까지만 해도 아프리카가 얼마나 넓은지 실감하지 못했는데, 지구본에 나와 있는 아프리카 대륙의 크기가 실제와는 많이 다르다는 사실을, '케냐'에서 '가나'로 이동하는 긴 비행시간을 통해 몸소 깨닫게 되었다. 나는 그 이후로 지구본을 신뢰하지 않는다.

아프리카에서 받은 첫 번째 충격은 전화선 너머로는 그렇게 무서웠던 아프리카 거래선 담당자들이 실제로 만나보니 순박하고 정이

많은 사람들이었다는 점이다. 비록 손짓발짓을 동원해야 했지만 우리가 전화통화로 나누었던 대화보다 실제 만남을 통해 훨씬 긴밀하게 소통할 수 있었다는 사실이 두 번째 충격이었다. 현지에서의 만남과 장시간의 미팅은 결과적으로 언어라는 장벽을 넘어 '관계'라는 중요한 무기를 만들어주었다. 이후 거짓말처럼 자연스럽게 커뮤니케이션과 업무 관계가 개선되는 효과로 나타났다. 이것이 내가 갖게 된 세 번째 충격이자 기적이었다.

첫 출장을 통해 관계의 힘을 느꼈기 때문에, 더욱 더 적극적으로 출장을 계획하여 2년 동안 4번, 약 10개국에 출장을 갔고, 방문했던 거래선과는 인간적인 관계를 맺어, 업무를 좀 더 친밀하고 원활히 진행할 수 있었다.

결국 영업(일)도 사람이 하는 것이고, 언어는 영업을 하기 위한 도구일 뿐, 가장 중요한 것은 아니었다. '관계'가 '언어'보다 중요했고, 그러한 경험을 통해 '언어'적인 측면에서도 더욱 자신감을 가지고 업무 성과를 낼 수 있었다.

담당하기 어려울 것이라 생각했던 아프리카 직거래 지역을, 그것도 해외영업 초보가 2년 동안 목표한 판매계획을 달성하자 함께 근무하던 본사 동료들이 나를 바라보던 시각도 크게 바뀌었다. 이러한 개인적인 성과와 긍정적인 평판이 아마 주재원 근무를 제안받게 된 배경이 되었던 것 같다.

스웨덴 주재원으로 발령받다

::

예상보다 1~2년 이상 빨리, 해외 주재원 근무를 권유받게 되었다. 회사의 인사 역시 사람이 하는 것이고, 그 중심에 다양한 사람들이 관련되어 있기 때문에 언제 어느 자리로 주재원 역할을 제안받을지 미리 알 수는 없다. 나 역시 대학시절 전공이 독일어였다는 이유만으로, 당시 팀장이었던 상무님도 자연스레 독일 발령을 예상했었다. 하지만 결국은 생각하지 못한 시기에, 독일이 아닌 스웨덴으로 발령을 받게 되었다.

주재원 발령에 대해서는 언젠가는 나갈 것으로 예상하고 나름 준비하고 있었기에 회사의 제안을 자연스럽게 받아들였고, 스웨덴으로 발령을 받아 2014년 1월부터 근무하고 있다.

1) 주재원 선발 과정 및 운영

각 회사마다 주재원을 선발하는 과정은 대략적으로 비슷하리라 예상된다. 주재원 유형별로 각 부문의 해외 인력 양성을 위해, 자질이 우수하다고 판단되는 인력들은 자체적으로 주재원 활용 가능 풀에 등록하여 관리한다.

해외 조직 내 기존 인력을 교체해야 하거나 추가 인력을 파견해야 하는 경우, 내부적으로 적임자를 추천받아 최종 선발하여 해당 지역으로 내보내게 된다. 회사마다 다르지만 통상 3~5년 정도 해외 발령을 내는 것으로 알고 있다.

2) 주재원 선발을 위한 준비 사항

　① **어학 능력**　특정한 제2외국어를 구사할 수 있고, 회사가 해당 언어를 사용하는 지역에서 해외 조직을 운영하고 있다면, 해당 국가의 주재원으로 선발될 가능성이 높다. 특히나 스페인어, 러시아어, 독일어 등은 국가 자체로도 큰 시장이기 때문에 많은 한국 기업들이 현지에 진출해 있다. 이런 이유로 항상 해당 언어를 사용할 수 있는 인력을 필요로 한다. 당연히 회사에서도 제2외국어 가능 인력을 해당 국가의 주재원 풀로 관리한다.

　하지만 어느 회사든 제2외국어를 구사할 수 있는 인력이 많지는 않다. 그래서 기본 외국어인 '영어' 실력이 '어학'적인 측면에서 선발 잣대가 되기 쉽다. 영어의 경우 주재원 선발 기준은 회사마다 다르지만, 토익/토익 스피킹 같은 시험성적이 기준이 될 것으로 예상된다.

　시험 점수도 중요하지만 실제로 필요한 것은 활용 능력 수준이다. 주재원 인사를 진행하기 전, 해당 인력이 실제 영어로 커뮤니케이션을 잘 할 수 있는지 확인하는 경우가 많다.

　② **근무 평정**　회사마다 다르겠지만, 과거 2개년 혹은 과거 3개년 근무 평정(고과)이 일정 수준이 되어야 주재원으로 선발될 수 있다. 따라서 개인의 근무 평정 관리 역시 중요하다.

　③ **실무 경험**　각 주재원 직책별로 실제 해당 업무를 수행할 만한

실무 경험이 있는지가 중요한 선발기준이 된다. 한국에서 근무할 때, 유관 팀에서 근무한 경험을 보는 것이다. 주재원이 되기 위한 실무 경험은 각 회사별 조직 구성 및 형태에 따라 다를 수 있다.

④ **평판** 주재원 선발 역시 사람이 하는 일이기 때문에 주관적인 추천이 많을 수밖에 없다. 어학 능력, 근무 평정, 실무 경험도 중요하지만, 업무적와 인성 면에서 좋은 평판을 가지고 있는 이들이 추천되는 경우가 많다.

주재원 발령 이후 4년간 스웨덴에서 한국인 주재원으로서 20명이 넘는 스웨덴 직원들과 근무하며 느낀 스웨덴은 어땠을까? 그들의 직장 문화와 업무 방식, 한국인과는 다른 마인드 등을 독자들과 나누고자 한다.

재택근무와 탄력근무가 정착된 나라

: :

스웨덴 기업들도 보통 하루 8시간, 주 40시간을 근무시간으로 규정하고 있다. 간혹 기사에서 주 30시간 근무하는 회사가 소개되곤 하는데, 스웨덴 내에서도 흔치 않은 일부 산업이나 직종에 한정된 이야기다. 많은 노동자들이 자신의 선택, 그리고 회사에서 보장하는 탄

력적 근무시간(Flexible working time)에 맞춰 1시간 혹은 2시간 정도
는 규정 근무시간 내에서 유연하게 근무가 가능하다. 유연한 근무시
간을 활용해 자녀를 학교나 어린이집에 통학시켜야 할 부모들은 마
음 편히 본인의 업무 일정을 조절할 수 있다. 한국에서는 자녀를 어
린이집이나 학교에 통학시켜야 하는 부모님들이 회사 출근 시간 때
문에 발을 동동 구르는 안타까운 상황이 자주 일어나는 것으로 알고
있다. 스웨덴에서는 정말 거짓말처럼 찾아보기 힘든 모습이다.

한 가지 더 부러운 점은 많은 스웨덴 기업들이 재택근무를 허용하
고 있다는 점이다. 실제로 회사에서는 직원들에게 데스크탑이 아닌
노트북을 제공하고 직원들은 개인 상황에 따라 집에서 근무하는 경
우가 많다. 대신 철저히 자신의 업무 성과를 내야 한다. 또한 일반적
으로 야근을 하는 직원들이 거의 없기 때문에 실제 퇴근 시간도 매우
이르다. 한국의 퇴근 시간을 생각하면 달라도 너무 다르다. 실제로
스톡홀름의 경우 퇴근길 교통 정체가 오후 3시 반부터 시작해서 6시
전에 끝난다. 그래서 나는 교통정체를 실제로 느껴보지 못했다. 이것
은 매우 웃픈(웃기지만 슬픈) 일이다. 퇴근 시간이 항상 늦기 때문이다.

야근을 하는 경우가 많지 않고, 퇴근 시간이 되면 칼같이 모두 집
에 가기 때문에, 급한 업무가 있다면 오후 시간이 아닌 오전 시간에
미리 요청해야 퇴근 전에 요청한 자료를 받을 수 있다. 스웨덴 생활
초기에는 이러한 스웨덴 직원들의 성향을 모르고 오후에 업무 요청
을 했다가 낭패를 봤다. 그들이 당일로 해당 자료를 주지 않고 퇴근

해버리는 바람에 결국 그 자료들을 혼자서 만들어야 했던 것이다. 스웨덴에서는 한국에서처럼 모든 것을 빨리빨리 처리하는 문화가 아니라 사전에 협의되고 계획된 일을 순차적으로 처리하는 문화가 일반적이다.

하지만 주재원의 경우 현지 직원들처럼 탄력적 근무시간으로 일하는 경우가 아마 없을 것이다. 상대적으로 스웨덴의 선진화된 근무방식은 같은 노동자로서 참 부러운 점이다.

여름휴가 4주, 실화니?
::

일반적으로 노동자 개인이 회사로부터 보장받는 휴가 일수는 1년에 25일이며, 매니저급 이상이 되면 30일, 조금 더 복지가 좋은 회사라면 그 이상을 휴가로 쓰는 경우가 많다. 실제로 스웨덴 노동자들은 야근을 하더라도 이에 대한 보상을 돈이 아닌 휴가로 대체하는 걸 선호한다. 물론 실제로 야근을 하는 경우도 거의 볼 수 없다. 그래서 여름휴가 기간으로 불리는 스웨덴의 7, 8월은 모든 주차장에 거의 차를 볼 수 없을 만큼, 기본적으로 3~4주간의 여름휴가를 떠난다. 여름휴가를 사용하고 남은 연차(1~2주)는 크리스마스와 연말연시를 이어서 2~3주 이상을 휴가로 사용한다. 휴가를 사용하지 않아서 생기는 잔여 휴가는 당연히 없다.

물론 한국의 기업들도 '연차'를 제공하고 있고, 일과 삶의 균형을 중요하게 여겨 휴가 사용을 권장하고 있으나, 스웨덴과 같이 제대로 된 여름휴가를 즐기기는 당연히 어려울 것이다.

　　스웨덴의 노동환경을 직접적으로 접하며, 더 멀리 더 높이 나아가기 위해서는 노동자 모두가 재충전할 수 있는 시간이 반드시 필요하다는 것을 배운다. 스웨덴 직원들은 여름 한 달간의 충분한 휴식이 가을·겨울 동안 즐거운 마음으로 일할 수 있는 원동력이 된다고 말한다.

　　또한 휴가 기간 동안 대부분의 직원들은 회사 메일 등을 확인하지 않는다. 그것이 가능한 것은 한국으로 따지면 정-부 업무 담당 시스템을 체계적으로 운영하여, 담당자(정)가 휴가를 가면 다른 담당자(부)가 해당 업무를 완벽하게 커버할 수 있기 때문이다. 스웨덴 사람들에게는 여름휴가의 중요성이 크기 때문에 개인적으로도 사전에 정-부 담당자 사이에 효과적인 업무 인수인계를 자발적으로 진행한다.

　　여름휴가를 계획하는 과정에서 함께 근무하는 직원들이 묻곤 한다. "데이비드(나의 영어 이름)는 휴가가 언제야? 한 달 동안 뭐 할 거야?" 이러한 질문을 받을 때마다 나는 이러저러한 이유로 단 일주일의 휴가를 사용할 것이며, 왜 그렇게 할 수 밖에 없는지를 설명해주곤 한다. 한국 사람들은 나의 짧은 휴가를 당연히 이해할 수 있다. 하지만 외국인, 그중에서도 복지천국에서 살아가는 스웨덴인들에게 나

의 이러한 특수 상황을 영어로 설명할 때마다 참으로 애를 먹곤 한다. 여름 내내 텅 빈 사무실에 한국인 몇 명만 남아 일할 때는 '상대적 박탈감', '풍요 속의 빈곤'이라는 말을 몸소 실감한다.

피카(FIKA) 적극 활용하기

∵

피카(FIKA)는 스웨덴 사무실에서 직원들끼리 모여 커피나 차 한 잔씩 마시며 담소를 나누는 일명 '수다 떠는' 시간이다. 한국에서는 비공식적인 이러한 수다 떠는 시간이 스웨덴 회사에서는 공식적인 일정이다. 피카 타임을 가지는 횟수는 회사마다 다른데, 매일 1회, 혹은 격일 1회, 주 1회 정도가 일반적이다. 피카 때는 모든 직원들이 모여 커피나 차, 다과 등을 먹으며 이런저런 이야기를 나누곤 한다.

마음의 여유가 없어 바쁘다는 핑계로 피카에 자주 참석하지는 못했었다. 하지만 간혹 누구 생일이거나 꼭 끼어야 할 때 참석해보니 정말 이런저런 이야기들을 나누는 시간이었다. 스웨덴에서는 왜 피카 시간이 중요할까? 스웨덴 직원들은 피카를 통해 서로에 대해 이해하고, 팀워크를 다질 수 있다고 믿기 때문이다. 한 사람도 빠짐없이 모든 이들이 피카에 참석하여 다양한 주제로 이야기를 나누고 스스럼없이 서로의 생각을 교환한다.

업무 분장은 계약서에
명확하게 기록하기

::

한국에서도 이러저러한 이유로 업무 분장이 명확하지 않을 경우가 있다. 직원 A와 B 중 누가 담당하더라도 이상하지 않을 업무의 경우 말 그대로 한국에서는 A와 B가 적절히 책임감을 가지고 해당 업무를 수행하게 된다. 하지만 스웨덴에서는 회사와 개인이 계약을 하는 과정에서 개인이 담당해야 할 업무에 대한 직무 기술서(Job Description)를 명쾌하게 보여주어야 하며, 이것을 기반으로 계약을 체결하게 된다.

일반적으로 많은 스웨덴 노동자들은 계약 과정 때 기준이 된 자신의 직무 기술서에 명기되지 않은 일들은 절대 하지 않는다. 설령 팀 내 신규 업무가 발생하여 이 일을 직원 C나 D가 담당해야 하더라도, 직무 기술서를 기준으로 봤을 때 이들이 해당 업무를 담당할 이유가 없다. 그래서 직원들에게 추가 업무를 요청할 때마다 봉급을 올려달라는 말을 상당히 자주 들어왔다.

스웨덴 근무 초기에는 한국 사람의 관점으로 봤을 때 인간관계가 지나치게 빡빡하다고 생각했다. 하지만 객관적으로 생각해보니 어떤 직원에게 추가 업무를 맡기려면 회사가 그만큼의 보상을 그에게 지불하는 편이 당연하다는 사실을 깨닫게 되었다. 스웨덴 회사들은 직원들에게 추가 업무를 주더라도 그 업무에 적절한 보상을 사전에 안

내한다. 개인과 회사가 서로 윈-윈 할 수 있는 방법으로 소통하기 위해 노력하고 있다.

아프면 나오지 마!
::

한국에서는 보통 아프더라도 상사 눈치, 동료 눈치 때문에 출근하는 경우가 비일비재하다. 하지만 스웨덴에서는 감기에 걸리면 본인의 감기 때문에 다른 사람이 피해를 입을 수 있다고 생각해 출근하지 않는다. 아픈 경우 일주일까지는 의사 소견서 없이도 자유롭게 병가(Sick holiday)를 사용하여 출근하지 않고 집에서 쉴 수 있다.

이러한 시스템이 가능한 이유는 모든 스웨덴 사람들이, 감기에 걸린 상태로 출근하는 것보다 다른 사람들에게 옮기지 않는 것이 더 낫다고 생각하기 때문인데, 이는 한국에서는 상상하기 힘든 일이다.

또한 본인이 아니라 자녀가 아픈 경우에도 'VAB(Vård av barn의 줄임말로 '아이돌봄'이라는 뜻)'라고 하여 출근하지 않을 권리를 가진다. VAB를 사용하더라도 원래 급여의 80% 수준을 받을 수 있기 때문에 자녀를 가진 많은 부모들이 자녀가 조금이라도 아픈 경우 'VAB'를 사용하여 집에서 자녀들을 돌볼 수 있다.

하지만 이러한 좋은 제도를 악용하는 사례도 분명히 있다. 예를 들어 목요일에 아프다고 나오지 않은 사람은 금요일까지 아프다고 안 나오는 경우가 많으며, 휴일 직후인 월요일에 아파 출근하지 않는 경우가 매우 많다. 스웨덴 근무 초기에는 이러한 상황이 자주 일어나 혼란스럽기도 하고 업무에 어려움을 느꼈었다. 하지만 4년 정도가 지나니 아프면 나오지 않는 것이 타인에게 피해도 주지 않고 본인의 빠른 건강 회복을 위해서도 좋다는 단순하지만 당연한 결론을 스스로 내리게 되었다.

한국인과 스웨덴인의 차이
:: :

1) 실수와 잘못을 대하는 방법

스웨덴 사람들과 함께 일하면서 느끼는 마인드의 차이가 참 크고도 다양하다. 실제 업무를 수행하며 자주 접하는 사례들이다.

'왜 이런 실수를 한 거야? 왜 일을 이런 식으로 처리한 거야?' 한국 회사에서는 업무상 실수나 잘못을 저질렀을 때 항상 이런 말을 듣게 된다. 잘못한 개인에게 쏟아지는 질책들로 우리에게는 익숙한 장면이다. 스웨덴의 경우 업무상 실수나 잘못을 개인의 책임으로 돌리기보다는 회사의 시스템에 잘못이 있는지 살펴보고 동일한 문제를 만들지 않기 위해 회의를 한다. 이를 위기관리라고 하는데 각 매니저들은 자신이 속한 팀에서 발생할 수 있는 위기에 대해 정의하고 위기에 대비하기 위한 방법을 함께 고민하여 시스템화한다.

문제를 개인의 책임으로 떠넘기는 것이 아니라 조직 전체가 함께 위기관리를 고민하는 업무 방식은 평등과 상호 존중이라는 스웨덴의 기본 문화에서 나온다고 생각한다. 때로는 한국식의 압박과 '빨리빨리' 문화가 스웨덴 방식보다 훨씬 효율적일 수 있다. 그러나 유럽에서 한국인이 아닌, 유럽인들과 함께 생활하려면, 이들의 문화와 마인드를 존중하고 이해하며 배우려는 태도가 필요하다.

2) 각자의 속도를 존중하라

한국의 경우 조직에서 한 구성원이 열정적으로 업무를 수행하고 높은 성과를 내면, 이들로 인해 조직 전체가 좀 더 경쟁적이고 치열한 환경으로 변해 성과가 높아지는 효과가 있는 것 같다. 사실 이 말은 다른 식으로 표현하면, 개인이 가고자 하는 속도보다 더 빨리 달리는 동료 때문에 조직 전체가 자신만의 속도가 아닌 빠른 사람의 속도에 맞춰 똑같이 빨리 달린다는 얘기다. 한국 사회는 우리 모두를 나만의 속도가 아닌 다른 사람의 속도에 나를 맞춰서 타인의 방식대로 살아가게끔 만든다.

하지만 스웨덴의 경우, A라는 직원이 열정적으로 일하고 높은 성과를 낸다면, 모든 동료들이 A의 열정과 성과에 대해 칭찬은 하지만, 그렇다고 A의 속도를 따라가려고 하는 것이 아니라, 여전히 각자의 속도와 방식을 고수한다. 다름을 인정하고, 각자의 속도를 존중하는 문화가 뿌리내려 있는 것이다. 이러한 문화를 통해 온전한 나로 살아가는 방법에 대해서도 고민해보는 기회가 되었다.

3) 타인의 말에 흔들리지 않고 도전하기

스웨덴에 첫 발령을 받고 와서 사무실에서 직원들과 근무하며 느낀 점은 크게 두 가지다. 첫째, 스웨덴 사람들은 다들 영어를 잘한다는 점이다. 실제로 영어를 정말 잘 구사하며, 나의 부족한 영어 실력 때문에 소통에 어려움을 겪은 적은 있었어도, 직원들의 영어 실력 부족으로 업무에 어려움을 겪은 적은 그다지 없었다. 둘째, 스웨덴 사람들은 정말 여유로워 보인다는 점이다. 한국에서 파견 온 주재원이자 관리자로서 많은 스웨덴 직원들과 함께 근무하며, 개인적으로는 한국 회사 특유의 압박감과 스웨덴 특유의 여유로움 사이에서 중심을 잡기가 참 어려웠다. 이는 아마도 나뿐만 아니라 비슷한 환경에서 근무하는 다른 주재원 선후배들도 느끼는 부분이라 생각한다.

이처럼 스웨덴의 문화와 생활방식이 부러울 때가 많았지만, 스웨덴 생활을 통해 한 가지 확신을 갖게 되었다. '준비된' 한국의 인재들이 스웨덴에 진출한다면 성공하는 경우가 매우 많을 것이라는 점이다. 스웨덴 노동자들의 수준과 능력을 무시하려는 것이 아니다. 한국의 경쟁적인 사회 분위기에서는 단기간에 최대한의 성과를 만드는 연습을 항상 하게 된다. 이처럼 빠른 의사결정 능력과 업무실행 능력이 스웨덴에서 일할 때 많은 도움이 된다는 얘기다. 나 역시 한국 본사에서의 '빡센' 경험들이 큰 도움이 되었다.

하지만 스웨덴의 경우 앞서 말한 바와 같이 모두가 각자의 속도로 달리고 있다. 그래서 한국에서 치열하게 살아온 한국인의 관점에서는, 이들의 평균적인 속도와 능력이 한국보다 높다고 생각하지 않는다. 한국에서 자신의 능력을 열심히 계발해온 사람이라면 스웨덴에서 충분히 인정받으리라 확신한다.

해외취업에 관심이 많은 한국 젊은이들이 스웨덴 취업 및 생활에 도전해보길 바란다. 스웨덴에서 4년간 살아본 선배로서 해줄 수 있는 가장 큰 조언은, 한국에서 열심히 노력해온 것들이 분명 의미가 있고, 스웨덴 사회에서는 그러한 여러분의 속도와 방식이 충분히 존중받을 수 있다는 것이다.

또한 주재원으로 해외생활을 목표로 하는 이들에게는 분명히 매력적인 직업이므로 타인의 말에 흔들리지 말고 본인이 희망한다면 꼭 도전하여 경험해보라고 말하고 싶다. 물론 스웨덴 주재원 생활에 단점도 있고 어렵고 고독한 부분도 많다. 하지만 누군가에겐 그 단점이 장점이 될 수도 있고, 작은 단점은 더 큰 장점으로 인해 가려지기도 한다. 모든 경험은 본인이 직접 해보지 않으면 알 수가 없다. 전 세계에 대한민국 기업들이 진출하지 않은 나라가 없을 정도로 이제 대한민국은 세계적인 위상이 있다. 스웨덴에서도 많은 한국 기업들이 훌륭한 성과를 내고 있고, K-POP의 인기는 날로 커져가고 있다. 스웨덴은 일인당 국민소득이 5만 3,000달러지만 인구는 이제 갓

1,000만 명을 넘긴, 알고 보면 작은 나라다. 스웨덴 생활과 취업을 목표로 하는 사람들이 스웨덴의 일인당 국민소득 수준에 주눅 들지 말고, 자신의 노력과 능력을 믿는다면, 충분히 멋진 결과가 있으리라는 응원과 함께 글을 마친다.

알아두면 유익한
스웨덴 생활 정보

스웨덴의 장점

세금이 아깝다면, 다둥이 아빠가 되어보세요

● 스웨덴은 기본적으로 높은 세율로 유명하다. 일반적으로 월급에서 최소 30% 정도는 세금으로 빠져나간다. 하지만 세금 중 약 18.5%는 우리나라로 치면 국민연금 형태로 나중에 돌려받을 수 있다. 이 점을 감안하면 세율이 그리 높다고 보기는 어렵다. 스웨덴 국민은 정부에 대한 신뢰도가 높다. 자신들이 낸 세금이 투명하게 쓰이고 국민들을 위해 최대한의 복지제도를 운영하고 있다고 믿기 때문이다.

스웨덴의 경우 초등학교에서 대학원까지 학비가 전액 무료다. 사교육이 특별히 발달되지 않았고, 오히려 어린 자녀를 가진 부모에게는 성인이 될 때까지 육아수당이 지속적으로 지급되기 때문에 한국에 비해 자녀를 키우는 데 목돈이 들어가지 않는다. 1년에 의료비로 내는 금액의 최대치가 정해져 있어, 일정 금액 이상을 의료비로 쓰면, 이후 추가로 의료비를 내지 않는다. 또한 미성년자의 경우 치과 진료를 국가에서 무상으로 제공하기 때문에 개인이 의료비로 목돈을 쓸 필요가 없다.

스웨덴은 맞벌이 부부가 일반적이다. 아기가 태어나면 부모가 합쳐서 총 16개월의 육아휴직을 쓸 수 있고, 이중 최소한 아빠가 3개월의 육아휴직을 사용해야 하기 때문에 모두가 육아휴직을 사용한다. 육아휴직 기간에도 국가에서 상당 금액의 육아휴직 수당을 지급하므로 생활하는 데 어려움이 없다. 이처럼 잘 보장된 육아휴직 제도 덕분에 스웨덴은 오히려 출산율이 증가하는 추세라고 한다.

아이가 많은 집, 혹은 출산계획이 있는 가족들에게 스웨덴 생활을 추천하고 싶다!

영어만 해도 취업할 수 있는 나라

● 많은 사람들이 유럽에서 영어권인 영국을 제외하고 영어를 잘하는 나라를 '독일'로 생각한다. 하지만 실제로 유럽에서 영어를 가장 능숙하게 사용하는 나라는 북유럽 국가들이다. 스웨덴의 경우에도 모든 연령대의 사람들이 능숙하게 영어를 구사할 수 있어, 스웨덴어를 몰라도 영어로 모든 커뮤니케이션이 가능하기 때문에 실생활에 큰 어려움을 겪은 적은 없다.

북유럽 내에서는 스웨덴이 가장 시장 규모가 크고 중심에 있는 나라이기 때문에, 대부분의 인터내셔널 기업들이 스웨덴에 북유럽 지사를 두는 경우가 많다. 이러한 외국계 기업들은 영어가 기본 커뮤니케이션 도구이며, 다양한 인종과 국적의 사람들이 함께 근무하고 있어 영어만 구사할 수 있어도 충분히 취업의 기회를 찾을 수 있다. 스웨덴에서 가장 큰 기업인 에릭슨(Ericsson)도 회사 공용어를 영어로 정해두고 있어 100개가 넘는 다양한 국적의 직원들이 영어로 의사소통한다고 한다. 따라서 영어만으로도 충분히 취업할 수 있는 나라가 스웨덴이다. 단, 능숙한 영어 실력은 기본이다.

스웨덴의 단점

1년에 겨울이 절반인 햇빛이 귀한 나라

● 스웨덴의 날씨는 1년 중 겨울이 절반인 나라, 햇빛이 귀한 나라라고 표현할 수 있다. 그만큼 겨울 날씨가 혹독하고 어두침침하기 때문에 우울증에 걸리기 쉽다. 그래서 스웨덴 사람들은 추울 때나 더울 때나 항상 운동을 하면서 건강을 관리하고 유지하는 데 소홀하지 않다. 그래서인지 다른 유럽 국가들에 비해 뚱뚱한 사람을 찾아보기 힘들다. 날씨에 예민한 사람들이라면, 꼭 스웨덴의 겨울을 직ㆍ간접적으로 경험해보고 스웨덴 이민이나 취업을 결정하길 권한다.

스웨덴어를 못하면 전화예약이 힘들다

● 아무리 영어를 잘하는 나라라고 해도, 모든 공공 서비스가 영어로 제공될 수는 없다. 스웨덴어를 모르면 병원 예약 등 일상생활에서 힘든 상황이 매우 자주 발생한다. 하지만 이는 반복적인 연습을 통해 충분히 극복할 수 있으리라 생각한다.

비싼 물가

● 인건비가 워낙 비싼 나라이기 때문에 기본적인 서비스 비용들도 모두 비싸다. 예를 들어 자동 세차 비용도 원화로 기본 2만 5,000원 정도다. 한국에서는 아마도 주유를 하면 세차비가 공짜거나 1,000원을 받는 것으로 알고 있다. 이외에도 인구수가 1,000만 명밖에 되지 않고, 물류비가 비싼 탓에 대부분의 공산품 가격도 비싼 편이다. 또한 국토가 넓어 다른 유럽 국가로 여행을 가더라도 차로 이동하기 힘들고 매번 비행기를 타야 하기 때문에 여행비용이 많이 들 수밖에 없다.

하지만 장바구니 물가는 전체적으로 봤을 때 한국과 비슷한 수준으로 생각된다. 외식을 최소화한다면 오히려 생활 물가에 대해서는 겁먹지 않아도 될 것 같다.

완벽한 복지 천국은 아니다

● 최근 우리나라에서도 개인의 행복에 대한 관심이 커지면서, 행복한 나라의 대명사인 북유럽 국가들에 대한 관심이 증가하고 있다. 아

마도 한국인의 관점에서는 북유럽 국가들이 모든 국민에게 환상적인 복지를 제공하는 것으로 보이기 때문이리라.

실제로 스웨덴 스톡홀름에서 4년간 생활하며 느끼는 스웨덴이라는 나라는 한국인들이 흔히 생각하는 완벽한 복지 천국이 아니다. 스웨덴에서도 많은 젊은 청년들이 취업을 하지 못해, 청년 실업 문제를 겪고 있으며, 저성장 국가로서 새로운 성장 동력을 찾기 위해 노력하고 있다. 하지만 이미 선진화된 국가의 특성상 새로운 시장 동력을 찾기가 매우 어려운 실정이다. 실제 급여 수준이 한국보다 엄청 높은 편도 아니어서, 높은 세율을 감안했을 때 실제로 수령하는 급여액이 많지 않다.

또한 무상 의료복지(실제로 완전 무료는 아니고 1년에 원화로 약 20만 원 정도는 내야 함)를 누리기 위해서는 나보다 더 아픈 사람을 위해 생각보다 오랜 시간 동안 기다릴 수 있는 인내심이 필요하다. 교통사고 발생 후 처음으로 응급실에 가보았는데 목에 깁스를 한 상태로 3시간을 대기해야만 했다. 목에 불편하게 깁스를 한 채 침대에 누워서 3시간 동안 막연히 의사를 기다린다는 건, 한국에서는 상상도 못할 일일 것이다. 하지만 스웨덴 직원들에게 내 이야기를 해주니 그 정도면 빨리 진료받은 편이라고 한다. 그 이후로는 최대한 아프지 않고 병원을 가야 할 일이 없도록 건강관리에 최선을 다하고 있다.

스웨덴이 자랑하는 연금시스템도 지급 규모가 점차 감소하고 있어 완벽한 노후를 보장해준다고 기대하기는 어렵다. 학비가 무상이긴 하지만, 스웨덴 교육 시스템이 최고의 교육을 보장할 수는 없기에 이곳에

나는
해외에서
먹고산다

서도 사교육 열풍이 불기 시작했다고 한다. 물론 한국에 비해 많은 부분에서 복지제도가 선진화되어 있는 것은 사실이지만, 모든 것은 상대적이다. 복지제도를 누리기 위해서는 국민 모두가 높은 세금을 내고, 엄청난 인내심을 감수한다.

스웨덴에서는 함께 살아가는 이들에 대한 존중과 배려, 그리고 스스로 정치와 경제에 관심을 가지고 자신의 권리를 행사하는 주체적인 행동이 필수다. 실제로 스웨덴의 국민들은 모두가 정치에 관심이 많고, 자신의 적극적인 투표와 관심이 국가와 국민을 더욱 잘살게 만들어줄 것이라는 믿음이 강하다.

더 좋은 국가와 사회를 만들기 위한 개인의 노력은 사실 당연한 것이나, 한국 사회에서는 각자 살기 바쁘다는 핑계로 사회 구성원으로서의 책임에 대해서는 소홀한 경우가 많다. 스웨덴 생활에서 배운 점 하나는 사회 구성원으로서의 책임과 진정한 권리 행사다. 스웨덴은 완벽한 복지 천국이 아니다. 다만 사회 구성원 모두가 더 나은 스웨덴, 모두가 행복한 삶을 살기 위해 조금씩 양보하고, 더욱 열심히 본인의 목소리를 내고 있다. 그렇기 때문에 스웨덴이 완벽한 복지 천국은 아니더라도, 자체적인 노력으로 더욱 행복한 사회를 만들어나가리라 믿는다.

스웨덴으로의 취업이나 이민을 준비하는 사람이라면, 스웨덴 복지제도의 정확한 실정을 바탕으로 신중한 결정을 내렸으면 한다.

Australia

양성원(호주)

- ● (현) 매사추세츠 공대(MIT) Innovation & Leadership 코치
- ● (현) Australia Post(호주 우정공사) 사내 기업가
- ● KPMG 경영 컨설턴트

불도저 정신으로
호주를 뒤흔들다
창의적 전략과 체계적 실행

워킹홀리데이 비자로
호주에 오다

::

2010년 국내 토박이로 부산 동아대학교 경영대학에서 학사과정을 수료 중이던 나는 경영 컨설팅 분야의 해외취업을 꿈꾸며 4학년 1학기에 교환학생 과정을 위해 호주 멜버른으로 떠났다. 멜버른을 선택한 이유는 세계에서 가장 살기 좋은 도시 1위로 꾸준히 선정된 만큼 직접 살아보면서 좋은 점을 누리고 싶어서였다.

처음 경험한 교환학생 프로그램은 현지 대학에서의 어학연수와 현지 기업에서의 인턴십을 하는 과정으로 이루어져 있었다. 내가 원했던 과정은 경영 컨설팅 회사에서 인턴으로 일하는 것이었고, 이를 위해서는 우선 언어장벽을 넘어야 했다. 당시 나는 어학원에서 중급

반에 속해 있었다.

우여곡절 끝에 세계 4대 전문 기업 중 하나인 KPMG사 경영 컨설팅 팀에 인턴이 되었다. 정직원으로 전환되기 위해 또다시 많은 장벽을 넘어야 했다. 정직원이 된 후에도 취업비자와 영주권을 받는 일 등 넘어야 할 산이 많았다. 영어권 소재 대학의 졸업장이나 특별한 자격증이 없는 비숙련 학부생으로서 비자 후원을 받는 최초의 사례가 되기까지 험난한 길을 지나왔다. 그 여정을 서술하고 배운 점을 공유하면서 해외취업을 꿈꾸는 이들에게 도움을 주고 싶다.

취업 후 경력을 간단히 소개하자면 다음과 같다. 호주 KPMG에서 맡은 업무는 기업의 경영 전반에 걸친 다양한 문제들을 해결하는 일이었다. 이를 위해 수십 개의 조직체에 파견되어 호주의 정부, 스타트업, 대기업 및 포춘 500의 다국적 기업 등과 함께 일했다.

호주 KPMG에서 혁신대회에 나가 우승한 것을 계기로 사내 창업가가 되어 Free Trade Agreement Advisory(자유무역 계약 자문)라는 신사업 팀을 창업했다. TEDxKPMG, TEDxKPMGMelbourne, TEDxKPMGSydney를 설립하여 큐레이터와 테드엑스(TEDx) 연사로 일했다. 회사를 다니며 여가 시간을 이용해 오피사이저(Officiser)라는 스타트업을 공동 창업했다. 오피사이저는 앉아서 오랜 시간을 보내는 사무실 근무자들이 앉은 채로 운동할 수 있게 도와주는 기구로서 킥스타터(Kickstarter)에서 크라우드 펀딩 캠페인을 성공시킨 후세계 각국에 판매하였다.

취업 후에는 공부할 수 있는 기회가 많이 주어졌다. 스탠퍼드대학교 디스쿨(D.School)의 디자인싱킹(Design Thinking) 과정을 전액 장학생으로 수료하였다. MIT(매사추세츠 공대)에서 창업가 과정도 전액 장학생으로 졸업하였고 강사 자격을 수료했다.

현재는 여러 개의 직업을 동시에 가지고 있는데 그중 세 가지를 소개하려고 한다. 첫째는 MIT의 강사와 코치다. MIT의 창업가 리더 양성과정인 MIT 부트캠프(http://bootcamp.mit.edu/) 등 MIT의 창업, 혁신 분야에서 약 40여 개국 학생들과 소통하며 일하고 있다.

둘째는 혁신, 창업, 해외취업 관련 연사 및 멘토링 활동이다. 조선일보 주최 '제9회 2018 아시안 리더십 콘퍼런스'를 포함해 한국, 미국, 대만, 호주, 싱가포르, 터키 등 각국에 연사로 초청받아 강연을 하고 있다. '2013 글로벌 취업 창업 대전', '청바지(청년이 바꾸는 지금) 포럼', '2018 글로벌 일자리 대전' 'K-Move 멘토링 프로그램' 등을 통해 수년간 연사와 멘토 활동을 하였다.

셋째는 호주 우정공사(Australia Post)라는 공기업의 사내 벤처인이다. 회사 내 다국적 직원으로 구성된 팀을 이끌며 전자상거래 스타트업을 세우고 성장시키는 일을 맡았다. 호주 우정공사는 한국으로 치면 우정사업본부에 해당하는 호주의 우체국이다. 2018년 현재 7조 호주달러의 매출을 올리며 약 5만 명의 직원과 파트너 인력을 가지고 있다. 200년이 넘도록 안정적으로 운영되던 호주 우정공사는 현재 인터넷 발달로 인한 우편량 감소, 미국의 거대 기업 아마존의 호

나는
해외에서
먹고산다

주 진출로 인한 경쟁 증가 등 시장의 급격한 변화로 고전하고 있다. 우리 팀은 혁신, 신제품, 창업을 통해 이 변화에 적응하고 나아가 시장의 변화를 주도하는 임무를 맡고 있다. 우리가 탄생시킨 성공적 벤처의 예를 들자면 십스터(Shipster.com.au)가 있다. 이는 정기적으로 사용료를 지불하고 호주의 주요 브랜드나 온라인 상점에서 제품을 무료로 배송받을 수 있는 서비스다.

언더독의 승리

::

언더독(underdog). 경쟁에서 이길 확률이 낮은 사람을 일컫는 말이다. 해외취업에 있어 나는 언더독이었다. 해외 학위, 이민 경험, 명문대 졸업장, 석사 이상의 학력, 해외취업에 쓸모가 있을 만한 자격증이나 면허증, 이공계나 그 밖의 특수한 전공, 뛰어난 영어 실력, 인맥, 관련 직무 경력, 비자 중에 어떤 것도 가지고 있지 않았다.

국내 대기업도 어림없을 스펙으로 해외 대기업 취업에 성공했다. 하지만 취업 후가 더 문제였다 외국인 근로자로서 수많은 어려움을 이겨내야 했고 뜻하지 않은 가정사로 인해 넉넉한 생활에서 졸지에 빈털터리가 되기도 했다. 방 값을 낼 돈이 없어 친구, 친척, 직장 상사집을 전전하며 얹혀사는 생활을 1년 넘게 했다. 그렇게 호주에서 언더독으로 힘들게 일한 지 7년, 지금은 행복과 경제적 여유, 보람을 느끼는 직업들을 가지고 있다.

내가 이 글을 통해 전하려는 내용의 핵심은, 현재의 상황이 어떠하든 자신의 길을 창의적으로 개척한 후 체계적으로 실행하라는 것이다. 우린 도전을 앞두고 있을 때 실패할 만한 이유부터 찾고는 한다. 실패할 가능성에 초점을 맞추면 실패하더라도 상처를 덜 받기 때문이다. 잠재적 상처에서 자신을 보호하기 위해 그대로 도전도 해보지 않고 포기한다.

도전의 가장 큰 적은 무엇일까. 현재의 처지에 맞추어 미래의 상황을 미리 계산하는 사고다. 지금 원하는 대학에 가지 못했다고 해서 10년 후에도 성공하지 못할 것이라고, 돈도 빽도 유학경험도 없으니 5년 후에도 해외취업은 어림없다고 미리 주눅이 든다. 미래 방정식에 현재의 처지를 대입시키는 것은 핑계거리를 찾을 때만 유용할 뿐이다. 이순신 장군이 궤멸된 해군과 단 12척의 남은 배로 명량해전이라는 반전 드라마를 펼쳤듯이 현재의 처지를 극복할 수 있는 창의적인 전략을 세우고 체계적인 준비와 실행으로 실패의 가능성을 낮추는 것에 집중해야 한다.

평범한 국내파가 어떻게 세계에서 가장 매력적인 도시와 직장에서 꿈을 이룰 수 있게 되었는지 그 역전의 이야기를 전한다. 취업 준비 과정, 취업 성공, 비자 획득 과정을 중심으로 소개하려 한다.

학벌 콤플렉스가
인생의 약이 되다

::

지방 사립대에서 경영정보학과 학부생이었던 나는, 우선 국내 컨설팅 회사에 취업하여 경력을 쌓은 후 해외취업에 도전하겠다는 계획을 가지고 있었다. 취업 준비를 하며 큰 장벽에 부딪혔는데, 바로 학벌이었다. 그 당시 내가 취업 목표로 설정한 컨설팅 회사들을 조사해보니 지방대 출신이 전무했다. 공개된 설명회 자리에서는 "우수한 인재라면 누구나 환영합니다"라는 말을 들었다. 하지만 인터넷과 인맥을 통해 조사하면 '쓸쓸하지만 ○○○등의 국내외 특정 명문대 외에는 취업 성공 가능성이 극히 낮고, 특히 지방대의 경우에는 사례를 찾기 어려웠다. 확률적으로 불가능하다고 봐야 한다'라는 한결같은 피드백을 받았다.

한국의 컨설팅 회사에서 명문대 출신을 유별나게 우대하는 이유는 고객사가 학벌을 보기 때문이라는 말을 들었다. 기업에 컨설팅 제안서를 제출할 때 각 컨설팅사가 관련 경력이 없는 대졸 신입 컨설턴트에 대해 소개하는 자료 중 내세울 수 있는 것은 학벌과 전공뿐이다. 고객사에서 그 컨설턴트가 마음에 들지 않으면 해당 컨설팅사의 다른 경쟁사에 일을 맡길 가능성도 높고, 다 좋은데 특정 컨설턴트가 마음에 들지 않으면 "이 사람은 빼달라"고 말하기도 한다. 이와 같은 문화적 특성상 학벌은 한국에서 고객에게 영업을 하는 데 매우 중요한 요소다.

현실을 알게 된 나는 취업 전략을 수정했다. 컨설팅 회사나 대기업의 전략기획실에 인턴으로 지원해보는 것이다. 인턴으로 실제 업무를 수행하면 내 실력을 보여줄 기회를 얻을 수 있으리라 생각했다. 당시 창업, 특허출원, 해외사업 공모전 수상 등 경영 컨설팅에 관련된 경력을 가지고 있었기에 이력서는 경쟁력이 있는 편이었다. 그러나 조사결과 여전히 지방대의 학벌을 가지고는 유명 컨설팅사의 인턴이 되는 것이 매우 어렵다는 사실을 알았다.

이러한 고용 관행에서 "노~~오오오력 하면 된다!"라고 외치는 사람들의 말은 정말 사기나 다름없었다. 실력보다는 학벌과 같은 배경을 중시하는 우리나라의 풍토는 컨설팅 산업에만 국한된 것이 아니라는 사실을 취업을 준비하는 과정에서 깨달았다. 그 당시 한국의 채용 시장은 구직자가 '무슨 일을 잘할 수 있을까'보다 '어느 학교를 나왔고 학력은 어디까지인가'를 중시하였다. 뿐만 아니라 입사 지원서에 업무능력과 무관한 개인정보를 과도하게 요구하는 회사도 적지 않다는 것을 발견했다. 가족사항, 부모님 나이, 직업과 직급, 동거여부, 재산현황, 본인 사진이나 나이, 신체사항 등은 업무능력과 큰 상관이 없기에 일부 선진국에서는 이를 이력서에 기재하는 것을 금기시했다.

나는 기회균등(a fair go)을 가치 있게 여기는 사회에서 살고 싶었다. 이는 개인이 삶에서 성취하는 것이 타고난 신분이나 특혜에 의해

결정되는 것이 아니라 재능과 노력, 근면성의 결과임을 의미한다. 출신학교나 신체적, 가정적 배경에 우선순위를 두는 회사와 사회에서 일하고 사는 것이 내게 행복을 가져다줄까 하는 의심이 들기도 했다.

이때부터 해외취업에 관심을 가지기 시작했다. 링크드인(LinkedIn, 기업들이 신규시장 개척과 바이어 발굴 등에 주로 활용하는 세계 최대 비즈니스 전문 SNS)을 통해서 다국적 컨설팅 회사 중 영미권 국가 지사 소속의 대졸사원들의 프로필을 조사해보았다. 호주의 경우에는 한국이나 다른 영미권 국가에 비해 명문대 출신이 차지하는 비율이 낮은 것을 알 수 있었다. 영어로 구글 검색을 통해 조사해본 결과 호주의 컨설팅 회사들은 학벌보다는 인턴십이나 창업, 동아리, 봉사활동, 교외활동 등 개인의 다양한 경험과 훈련경력, 그리고 학업능력을 종합적으로 평가하여 인턴이나 신입사원을 선발한다는 정보를 얻었다.

이와 같은 과정을 거쳐 '지방대 졸업장으로 경영 컨설턴트의 꿈을 이루기에는 한국보다 호주가 오히려 쉬울 것 같다'는 가설에 도달했다. 워킹홀리데이 비자로 취업을 시도해보는 것으로 어학원이나 정부에서 운영하는 인턴십 프로그램에 참여하는 방법이 있었다. 가장 효과적이면서도 쉬운 방법은 대학에서 운영하는 해외인턴십 프로그램을 통하는 것이라고 판단했다. 대학의 해외인턴십 프로그램을 통해 호주 내 컨설팅사의 인턴십에 도전해보기로 결심하고 3학년 1학기가 시작할 때 인턴십 프로그램 지원 준비를 시작했다.

우선 인턴십 프로그램에 합격하고 장학금을 받는 게 목표였기 때문에 매우 높은 학점이 필요했다. 동시에 영어 실력도 급격히 향상시켜야 했다. 프로그램에 지원하기 전까지는 목표 달성에 큰 도움이 되는 활동들에만 집중하고 관련이 없는 활동은 모두 제동을 걸었다. 내가 매주 사용하는 언어의 20% 이상이 영어가 될 수 있도록 환경을 조성하였다. 영어로만 강의하고 참여하는 학과목을 수강하였고 우리말로 진행되는 학과목의 경우에는 교수님께 허락을 받아 영어로 과제를 작성하여 제출하였다. 팀 과제나 발표도 자진해서 영어로 수행하였다. 영어와 관련된 교내 프로그램을 찾아 적극적으로 참여하였고 심지어 기숙사에서는 '외국인 학생 도우미'를 자청하며 자발적으로 봉사하였다. 또 영어 토론 동아리도 만들어 운영했다. 몇몇 학교 친구들과는 영어로만 대화하기로 약속하고 식사시간까지 활용하여 영어를 사용했다. 학교에서 영어로 대화하는 우리가 꼴사납다며 비난하는 학우들의 눈치가 보이기도 했고 한국인들끼리, 그것도 친구들끼리 영어로 말하려니 여간 어색한 게 아니었다. 하지만 이런 과정을 극복해야 했다. 그래야만 영어 학습에서 다음 단계로 올라갈 수 있는 사다리가 놓인다고 생각했다.

시험기간에는 기숙사에서 배달음식과 급식만 먹고 두문불출하며 공부했다. 기숙사에서 식사할 때는 외국인 학생들의 식탁에 합류하여 영어 회화 연습을 했다. 학기를 마칠 때 과에서 최고 성적, 만점의 학점을 받을 수 있었고 영어 성적도 향상되어 지원자 합격기준을 만족할 수 있었다. 결국 원하던 인턴십 프로그램에 최종 합격했다.

4학년 1학기에 호주 빅토리아주 멜버른에 위치한 대학으로 인턴십 준비과정을 수료하기 위해 떠났다. 5주간의 '비즈니스 영어' 수업을 수료한 후 11주간 현지 기업체에 무급 인턴으로 일하는 일정이었다. 나와 함께 프로그램에 참가한 학우들이 나보다 먼저 인턴십에 합격하였는데 주로 소규모 호텔 등의 기업에서 청소나 우편물 정리, 혹은 서류 복사 등의 허드렛일을 하는 업무를 부여받았다. 학교 담당자는 그들의 부족한 영어 실력 때문에 원하는 기업에 취직시킬 수 없었다며, 대동소이한 영어 실력을 가지고 있던 나 역시 같은 배를 탈 운명이라는 것을 암시해주었다.

컨설턴트의 꿈을 안고 이역만리 호주까지 날아와 허드렛일로 한 학기를 낭비할 수는 없었다. 인턴에 지원하기까지 아직 두 달의 시간이 남아 있었다. 평생의 공부를 두 달 만에 모두 해치워버린다는 마음가짐으로 영어공부에 모든 것을 걸었다. 학교의 한국인 친구들에게 양해를 구하고 더 이상 한국말을 쓰지 않았다. 컨설팅 업무에서 사용되는 어휘나 관용어 등을 따로 정리하여 암기했다. 읽기와 쓰기 실력은 조금씩 늘어갔지만 회화 실력은 큰 진전이 없었다. 벼락치기식 학습으로 두 달 만에 회화 실력을 눈에 띄게 향상시키는 것은 불가능해 보였다.

논리와 화술 공부로
영어 실력 키우기

::

효과적인 영어 회화 공부방법에 대해 고민하던 중 재미있는 사실을 발견했다. 동료 학생들을 관찰해보면 영어를 유창하게 구사하는데도 불구하고 의사전달이 원활하지 않은 학생들이 있는 반면, 영어는 허술한데 의사소통이 뛰어난 학생들이 있었다. 후자의 학생들의 공통점은 한국말도 조리있고 논리적으로 잘한다는 점이었다. 즉 화술(의사소통 능력과 표현력)이 좋았다. 기본적으로 언어 표현력이 뛰어난 사람이 모국어도 외국어도 잘한다. 다시 말해 영어 학습을 아무리 한들 근본적인 커뮤니케이션 능력이 부족하면 영어를 유창하게 구사할 수 없다.

영어를 습득하기까지는 많은 시간이 걸리지만 화술은 말하는 기술이므로 비교적 짧은 시간에 습득하여 영어의 표현력을 늘리는 데 활용할 수 있다는 것을 깨달았다. 두 달 안에 회화 실력을 늘리는 방법은 화술을 익혀 말을 조리있게 하는 방법뿐이라는 결론을 내렸다.

바바라 민토가 쓴 『논리의 기술(The Minto Pyramid Principle)』 등 논리와 화술에 관한 책을 읽으며 공부와 연습에 매진했다. 우선 이론을 익히고 모의면접을 통해 연습했다. 실제 상황과 같이 긴장감을 조성하기 위해 면접관 역할을 해줄 사람은 일면식도 없는 원어민을 구했다. 모의면접에서 자기소개를 할 때는 면접관이 나의 대화와 사고의 흐름을 잘 따라올 수 있도록 말하고자 하는 요점을 간략히 소개하고 (학업, 사회경험, 역량 순서로 전개), 각 요점을 핵심만 간결하게 설명했다. 그리고 나서는 앞서 설명한 내용 중 가장 중요한 부분을 세 가지만 다시 언급하며 마무리하였다.

이런 방식으로 회화를 하니 부족한 영어 실력에도 불구하고 효과적으로 의사전달이 되었다. 모의면접관이 관심을 보이는 부분이 있으면 그 부분만 따로 확장하여 설명하며, 이때도 핵심을 먼저 전달하고 사족을 붙였다.

의사소통 능력, 즉 논리와 화술을 공부하며 얻게 된 또 하나의 깨달음은 서양식 사고방식을 이해해야지 회화를 잘할 수 있다는 것이다. 일반적으로 서양의 기업에서는 커뮤니케이션이 주로 두괄식으로 이루어진다. 즉 듣는 사람에게 전달하고자 하는 메시지, 다시 말해 결론을 먼저 얘기한 후 사고를 전개한다. 두괄식 보고가 동양인의 사고방식과 어울리는 것은 아니라고 생각한다. 어떤 대상물이나 사람을 인지할 때 주변을 먼저 파악하고 주변 환경과 연관 지어 대상물을 생각하는 동양의 사고방식과, 대상물을 먼저 인지하고 나서 주변 환경으로 관심이 옮겨가는 서양의 사고방식의 차이는 다양한 사례에서 나타난다. 예를 들어 아무런 배경 정보 없이 하늘 높이 풍선이 날아가는 사진을 보여주고 그 이유를 물었을 때, 동양인 중에는 바람이 불어서 날아갔다고 얘기하는 사람이 많은 반면, 서양인 중에는 풍선의 바람이 빠지면서 날아가고 있다고 얘기하는 쪽이 압도적으로 많다고 한다. 우리가 살고 있는 집 주소는 어떤가? 대한민국, ○○시, ○○구, ○○동, ○○아파트 순서로 쓰지만, 서양은 정반대다. 내가 살고 있는 주택 번호에서 시작하여 도시, 지방 혹은 주, 그리고 마지막으로 국가가 나온다. 이렇게 대상물을 인지하는 관점의 차이가 의사소통을 하는 방식에서도 나타난다. 보고서 첫 장을 결론(Executive summary)으로 시작하는 서양식과 전체 개요부터 설명하여 결론은 후반부에 배치하는 동양식의 차이를 예로 들 수 있다. 이러한 사고 흐름의 차이를 인지하지 못한 채 영어를 구사하면 아무리 발음이 좋고 어휘가 풍부해도 표현력이 부족한 것처럼 보일 수 있다고 생각한다.

두 달 사이에 회화 성적을 급격히 향상시킬 수 있었던 것은 화술 공부의 공이 컸다. 내가 KPMG의 인턴 면접을 통과하고 후에 같은 회사의 정직원으로 채용되는 데 가장 큰 도움이 되었던 부분이기도 하다.

인턴 취업 합격자 통보를 받다
::

회화 걱정이 어느 정도 줄어든 나는 곧 자신감이 생겼다. 세계 Big 4라고 불리는 KPMG, 언스트앤영, 딜로이트, 프라이스 워터하우스 쿠퍼스(PwC)와 MBB라고 불리는 매킨지, 베인, 보스턴 컨설팅 그룹,

그 밖에 AT 커니 등 최고의 컨설팅 회사들에 추천서와 이력서를 제출해달라고 호주 대학에 요청하였다. 당연히 학교 측은 시간 낭비하지 말자며 포기를 권했다. 사실 생각해보면 위와 같은 업계 최고의 회사들이 나처럼 영어도 제대로 못하는 외국인 학생을 고용한다면 그것이 더 이상한 일이다. 경영 컨설팅 기업은 투자은행과 더불어 좋은 성적으로 졸업한 문과생들이 가장 선호하는 업종이기도 하다. 회사에 지원하는 인재들이 호주에도 넘쳐나는데 영어도 제대로 할 줄 모르는 외국인 학생을 회사가 위험을 무릅쓰고 고용할 이유는 별로 없다.

반대로 만일 내가 호주인 인턴들과 대체될 수 없는 인력이라면 승산이 생긴다. 인턴뿐만이 아니라 정직원으로의 전환, 그리고 회사에서 취업비자를 후원받기 위해서도 마찬가지의 논리가 적용된다. 다시 말해 회사가 나를 고용하지 않고는 호주 내에서 비슷한 역량을 가진 인력을 찾을 수 없다는 것을 증명해야 했다. 나는 '어떻게 나만의 특별한 가치를 제안할까'라는 질문을 스스로에게 계속 던지며 이력서, 추천서, 면접을 준비했다.

학교에서는 영어를 배우는 국제학생이 현지 글로벌 대기업에 지원한 사례조차 없었다며 계속해서 포기를 권유했지만, 나는 인턴 취업에 실패하더라도 학교에 책임을 묻지 않겠다는 조건으로 학교를 집요하게 설득하여 결국 지원서를 제출해주겠다는 동의를 얻었다.

이제 이력서, 추천서, 면접을 준비하는 일이 남았다. 영문 이력서 준비는 금방 완료하였는데 이는 내가 1년 이상 손보고 문장을 꾸준히 고치면서 작성해온 덕분이었다. 한국 대학에서 제공하는 영문 이력서 작성 특강을 들은 것도 도움이 되었다. 컨설팅 분야의 지인들에게 피드백을 받았다. 링크드인 등을 통해 컨설팅과 투자은행 전문가들의 링크드인 프로필, 즉 이력서 작성 방식을 많이 참고했다. 이들은 자신의 이력을 끊임없이 고객사에 팔고 설득하여 프로젝트를 수주하는 직종의 사람들이다. 따라서 이력서의 완성도가 높을 것이라고 판단했다. 인사 담당자가 지원자 한 사람의 이력서를 검토하는 시간을 5초로 가정하고 사실 중심으로 내용을 작성하였다. 문장에 미사여구나 형용사를 최대한 자제하고 간결하게 핵심 위주로 흐름을 전개했다. 취미와 같이 큰 가치를 창출해내지 못하는 사항은 미련 없이 제외했다.

호주의 대졸 지원자들에게서는 찾기 힘들 만한 특이한 점들을 강조하기도 했다. 특히 의무소방으로 복무한 군대 경험과 창업 경력을 강조했다. 두 조직 모두 제한된 시간 안에 강한 체력, 리더십, 판단력을 바탕으로 문제를 해결해야 한다는 공통점이 있다고 판단하였기 때문이다. 컨설팅 업무의 특성상 그들이 필요로 하는 인재도 이와 크게 다르지 않을 것이라고 생각했다.

추천서는 영어공부를 하던 호주 대학의 학과장에게 작성을 부탁했는데 내가 8할 이상 작성한 원안을 넘겨주는 식이었다. 학과장이 나의 장점에 대해 상세히 알지 못하므로 이를 원안에 포함하여 제공하는 게 중요했다. 회사에서 내 지원서를 검토하는 사람에게 나의 강점을 기억시키기 위해 이력서에서 키워드를 뽑아서 추천서 내용에 포함시켰다. 같은 키워드를 반복함으로써 내가 강조하고 싶은 역량을 뇌리에 각인시키려는 요량이었다. 마침내 학교에 이력서를 제출하였고 학장의 추천서와 함께 컨설팅 회사에 인턴십 지원을 시도했다. 하지만 예상대로 모든 회사에게 거절당했다. 영주권자가 아니라면 온라인으로는 아예 지원이 불가능한 경우가 대부분이었다. 채용을 담당하는 부서에서도 지원서를 내밀 기회조차 주지 않았다. 영주권, 취업비자(457 비자) 등 회사에서 명시한 비자를 소지하지 않은 사람은 인턴이나 신입으로 지원 자체가 불가능하다는 것이 회사들의 입장이었다. 나는 당시 워킹홀리데이 비자를 가지고 있었으므로 지원 자격을 갖추지 못했었다. 내 비자는 한 고용주 밑에서 6개월만 일할 수 있도록 규정되어 있었고 인턴을 단 11주만 그것도 무급으로 하겠다는데도 거절을 당했다.

그렇다고 포기할 수는 없었다. 모로 가도 서울만 가면 된다고 했다. 회사 앞에서 문지기처럼 서 있는 채용부서 때문에 입사 지원서를 제출할 기회조차 없다면 땅굴을 파서라도 회사로 들어가면 되는 것 아닌가. 나는 회사의 실무자나 관리자 혹은 임원에게 직접 지원서를 전달할 방법을 고민했다. 호주에서 학교와 교회 등에서 사귄 사람들 중 컨설팅 회사에서 근무하는 직원이 있는지 수소문했다. 인구가 2,400만 명인 호주에서 Big4 회사의 직원만 해도 2만 명 정도 되기

나는
해외에서
먹고산다

에 몇 다리만 거치면 어렵지 않게 직원과 연결될 수 있다. 결국 매니저급의 직원 한 명과 연결되어서 이력서를 전달했다. 하지만 또다시 거절당했다. 심지어 탈락한 이유조차 듣지 못했다. 나는 면접에서 당신을 설득할 자신이 있다면서 단 한 번만 면접을 볼 수 있는 기회를 달라고 요청했고 결국 면접의 기회가 주어졌다.

면접 준비는 예상 질문에 대한 예비 답안을 메모지에 적어놓고 틈이 날 때마다 소리 내어 연습하는 식으로 하였다. 특히 내가 학교의 프로젝트나 공모전, 스타트업을 하면서 발휘한 역량에 대한 사례를 노트에 정리하였다. 정리하는 양식은 STAR(Situation, Task, Action, Result), 즉 당시 사건이 제공한 기회나 위기, 내가 맡은 임무, 문제해결을 위한 나의 행동, 결과 순서로 정리했다. 예를 들어 '프로젝트 진행 중 동료와 갈등이 생기면 어떻게 할 것인가'라는 예상 질문이 있다면 우선 간단명료하게 답을 한 후 내가 과거에 겪었던 비슷한 경험을 STAR 형식에 맞춰 사례를 소개하는 식으로 정리했다.

'과거에 ○○에서 일할 때 ○○한 경험이 있었는데, ○○하게 했더니 잘되었다 또는 잘못되었다. 여기서 내가 배운 점은 ○○다. 그러므로….' 이런 식이다. 과거의 경험과 연관 지어 답변하는 것은 매우 중요하다. 면접관은 지원자의 과거의 행동이 미래에도 지속될 것이라고 가정하기 때문에 예시는 강력한 설득의 도구가 된다. 뿐만 아니라 본인의 주장을 뒷받침하는 예시, 즉 데이터를 제공함으로써 신뢰를 얻을 수 있다.

면접을 할 때 첫 번째 질문은 준비했던 예상 질문과 같았다. 준비한 대로 막힘없이 답변을 하고 나니 자신감이 생겨 다음 답변을 하는데 좋은 영향을 미쳤다. 면접관이 나의 답변을 듣고 머릿속으로 핵심 키워드를 뽑아낼 수 있도록 직무, 회사 가치와 연관된 키워드를 반복해서 사용하였다. 답이 여러 개인 경우에는 면접관이 나의 답을 듣고 중요 항목(bullet point)별로 쉽게 정리할 수 있을 정도로 논리적으로 설명하는 것에 초점을 맞추었다.

며칠 후 합격 통보를 받았다. 드디어 경영 컨설팅 팀에 인턴이 되는 행운을 얻게 되었다. 이제 목표는 성공적으로 인턴십을 완료하고 회사로부터 취업비자 지원을 받아 정직원이 되는 것이다. 여기까지 오는 것이 어려웠을 뿐 이제 인턴이 된 이상 정직원이 되는 일은 쉬울 것이라고 생각했다. 첫 출근을 하기 전까지는.

자신의 브랜드 만들기

::

컨설턴트 교육을 받으며 문제가 발생했다. 내가 어느 정도 자신을 가지고 있던 영어 실력이 컨설팅업계에서 일하기에는 여전히 턱없이 부족하다는 것을 깨달은 것이다. 교육 내용은 컨설턴트들이 조를 나누어 한 무리는 고객 역할의 연기를 하고 나머지는 컨설턴트 역할을 연기하며 고객이 경영상 겪고 있는 문제를 해결해나가는 훈련이었다. 먼저 고객사의 상황을 설명하는 글을 읽어야 했다. A4 용지 6장 분량이었는데 온갖 생소한 어휘들이 가득했다. 3분의 시간이 주어졌고 나를 제외한 직원들은 모두 주어진 시간 안에 읽기를 완료한 반면 나는 두 장밖에 읽지 못했다. 이번에는 읽은 내용을 한 장 분량으로 2분 만에 논리적으로 요약해야 했다. 나는 내용을 절반도 파악하지 못한데다가 작문을 하는 데도 원어민들보다 두 배 이상의 시간이 필요했기에 기껏해야 백지에 단어 몇 자를 끄적거리는 것이 다였다.

이번에는 읽고 쓴 내용을 바탕으로 역할극을 해야 할 차례. 물론 꿀먹은 벙어리가 되었다. 나의 곤란한 상황을 파악한 동료가 나더러 역할극에 참여하는 대신 노트 필기를 하는 게 어떻겠냐고 제안했다. 나는 토론의 절반 정도만 따라갈 수 있었고 따라서 노트 필기도 엉망이었다. 창피한 것은 둘째 치고 나의 무능한 모습을 많은 이들에게 첫인상으로 남겼다는 사실에 앞날이 걱정되었다.

아니나 다를까 인턴십을 시작한 지 2주가 다 되어가는데도 아무도 내게 일을 주지 않았다. 나의 역량을 광고하는 전단지를 만들어 일감을 가지고 있는 상사들에게 배포하기도 하였고 매일 그들의 자리를 돌아다니며 일을 달라고 부탁했지만 소용이 없었다. 컴퓨터 앞에 앉아서 온라인 교육 프로그램만 보며 시간을 보냈다. 대서양을 정처 없이 둥둥 떠다니는 투명한 해파리가 된 것 같은 기분이었다.

이대로 가다가는 정직원 전환은커녕 일을 전혀 못해보고 11주의 인턴십 프로그램이 끝나버릴 것이 뻔했다. 친분이 생긴 동료에게 조언을 구하기로 했는데 우선 내가 그의 일을 도와주고 나서 내가 어떤 점이 부족한지를 파악해달라고 했다. 그 결과 부족한 영어 실력이 문제라는 것을 재확인할 수 있었다. 이 문제를 교육과정에서 파악한 상사들이 소중한 그들의 프로젝트에 나를 참가시키는 위험을 감수하지 않으려고 내게 일을 주지 않았던 것이다. 나는 독해와 작문 실력의 한계 때문에 보고서를 읽고 쓰는 데 현지인들보다 3배 정도의 시간이 걸렸고 내가 작성한 보고서는 문장의 어휘나 문법이 원어민 중학생 수준도 안 되었다. 이는 지식과 전문성을 바탕으로 효율적으로 고객사의 업무를 완수해야 하는 경영 컨설턴트에게 있어서는 안 될 약점이었다.

우선 내가 쓸모 있는 인턴이라는 것을 증명하는 것부터 시작했다. 경영 컨설턴트의 핵심 능력을 한마디로 요약하면 복잡한 데이터를 분석하여 시사점을 도출해내는 역량이다. 이를 증명할 수 있을 만한 기회, 즉 일이 주어지지 않은 상태였으므로 스스로 기회를 만들어내야 했다.

상사들이 진행하고 있는 프로젝트들 중 리서치가 도움이 될 것이라고 판단한 부분을 발견해 스스로 리포트를 작성했다. 친분이 생긴 컨설턴트 동료들에게 문법을 수정받고 내용을 점검받았다. 작성된 리포트는 관련 분야의 상사들에게 전달하고 설명해주었다. 또한 KPMG의 경쟁회사 분석과 그에 대한 시사점을 정리하여 임원에게 제출하기도 하였다.

이렇게 노력하는 과정에서 또 하나의 실수를 하고 말았다. 부족한 문화적 이해에서 야기된 실수다. 보고서를 작성하는 동안 매일 밤늦게까지 회사에 남아 일했다. 집에 가서 일할 수도 있었지만 나의 성실한 모습을 보여주는 것이 좋은 인상을 줄 것이라고 생각했던 것이다. 그러던 중 어느 날 동료도 늦게까지 남아 일하고 있기에 나는 그에게 다가가 격려를 했다. 그런데 그 동료는 자신이 늦게까지 일했다는 사실을 아무에게도 알리지 말아달라고 당부했다. 서양문화에서는 야근을 하는 직원을 마치 숙제를 제때 마치지 못해 학교에 남아 공부하는 열등한 학생처럼 인식하는 경향이 있다는 것을 그제야 깨닫게 되었다. 매일같이 야근을 하는 나의 모습이 얼마나 무능해 보였을지 안 봐도 뻔한 일이었다.

호주 문화에 익숙해지기 위해 동료들과 더 자주 어울리며 적극적으로 조언을 구했다. 액셀에 테이블을 만들어 인맥관리를 했다. 특히 일감을 가지고 있는 상사들 중 영향력 있는 이들을 20명 정도 추려서 액셀에 기록하고 그들을 일일이 만났다. 그후 그들이 필요로 하는 컨설턴트의 역량, 앞으로 계획하고 있는 프로젝트, 대화 내용 등을 기록하고 언제 다시 각 상사들을 만날지도 계획하여 기록하였다. 나를 끊임없이 홍보하고 친분을 형성했다. 귀찮은 일거리가 있으면 봉사를 할 테니 언제든 나를 찾아달라고 전했다. 그들이 새로운 프로젝트를 진행할 때 내게 미안해서라도 연락을 하게 만들려는 의도에서였다.

참여할 수 있는 미팅은 모조리 참석했다. 스스로 다음과 같이 약속했다 '미팅에 들어가면 아무리 못 알아듣더라도 한마디라도 하고 나오자.' 예전에 미팅에서 존재감 없이 꿀 먹은 벙어리처럼 한쪽 구석에 앉아 있던 소극적인 태도를 버리고 가장 눈에 띄는 자리에 앉기 시작했다. 유창하진 않지만 큰소리로 자신감 있게 질문했다. 그리고 나의 의견(특히 발표자와 반대되는 관점)을 제시하기 위해 노력했다.

퍼스널 브랜드를 만들기 위해 앞에서 언급한 것과 비슷한 연구(research)자료를 계속 생산해서 배포했다. 누가 'Sungwon Yang'이라는 내 이름을 들으면 'research'라는 단어가 떠오르도록 만드는 것이 목표였다. 회사 내에서 지식을 공유하는 모임도 만들어 운영했다. 덕분에 리서치 요청을 받기 시작했고 따라서 역량을 증명할 수 있는 기회가 생겼다. 리서치를 무사히 수행하자, 고객사의 제안서를 작성하는 일을 맡게 되었다.

직원들도 서서히 내 이름을 기억하기 시작했다. 그 전까지 내 이름을 쉽게 발음하거나 기억하는 사람들이 많지 않았다. 심지어 이름을 듣고 성별을 구분하기도 힘들어 메일 속 내 이름을 보고 여자라고 착각한 이들도 많았다. 동양인 인턴이 나밖에 없었기 때문에 많은 사람들이 나를 '그 한국인 인턴'으로 일컬었다고 한다. 이런 문제에도 불구하고 영어 이름을 가지지 않은 이유가 두 가지 있었다.

첫째, 한국 이름을 사용하면 상대방이 내가 외국인이라는 사실을 눈치 채고 말을 천천히 해주거나 내가 어눌한 영어를 구사해도 이해해주기 때문이었다. 둘째, 남들이 내 이름을 기억할 수밖에 없게끔 만드는 것을 하나의 목표로 세웠기 때문이었다. 오프라 윈프리나 아 널드 슈워제네거와 같은 어려운 이름을 사람들이 기억하는 이유가 그들의 사회적 영향력 때문이듯 어려운 이름을 쉽게 바꾸기보다는 남들이 내 이름을 기억해야 할 만큼 영향력을 행사해야겠다고 마음 먹었다.

하늘은 스스로 돕는 자를 돕는다고 했던가. 회사에서도 여러 모로 나를 지원해주기 시작했다. 영어공부에 도움이 될 만한 책들을 구매 해주고 카운슬링 시간을 늘려주었다. 하루종일 영어로만 생각하고 소통하다보니 영어 실력도 빠르게 향상되었다. 식사시간과 잠을 줄 이고 하루 3시간을 영어공부에 투자했다. 출퇴근길에도 옆에 앉은 사람에게 말을 걸어 회화 연습을 했고 식사 중에도 영어 오디오북을 청취했다.

인턴을 시작한 지 한 달이 다 되어서야 첫 번째 고객사 프로젝트 에 참여하게 되었다. 첫 프로젝트를 좋은 성적으로 수행하자 기회가 연달아 생겼다. 인턴십이 끝날 무렵 마침내 정직원 오퍼를 받게 되었 다. 이로써 나의 모든 고생은 끝이 나는 줄 알았지만, 7년이 지난 지 금도 언어장벽과 타지생활의 고충은 여전하다.

다행히 예전 회사와 현재 회사에서 상위 20%의 인정받는 직원이 되었다. 물론 이러한 성과를 내기 위해 현지인들보다 훨씬 많은 시간 과 노력을 투자해야 했다. 하지만 해외취업과 생활은 이 모든 어려움을 상쇄할 만한 행복을 내게 가져다주었다. 특히 호주의 많은 기업들에서 찾아볼 수 있는 덕목인 일과 삶의 균형, 군기문화의 부재, 개인의 자유와 개성을 존중해주는 문화 등은 삶의 큰 만족을 주고 있다.

해적의 영혼과 해병의 실행력

::

지금까지 내가 공유한 해외취업 요령을 한마디로 요약하자면 '해적과 같은 영혼으로 해병과 같이 실행하라'는 것이다. 해적에게 '틀린 방법'이란 없다 '다른 방법'만 있을 뿐이다. 이 책을 읽는 독자들은 남들이 정해놓은 규칙과 방법에 얽매이지 말고 창의적인 반항정신으로 도전하기를 바란다. KPMG의 채용부서가 회사 정책상 인턴 자격 조건(비자)을 갖추지 못한 나를 받아줄 수 없다는 입장을 밝혔을 때, 나는 그들의 정책을 순순히 받아들이고 포기할 수도 있었다. 회사의 방침을 존중하는 것이 '옳은 일'이기 때문이다. 나는 규범을 따르기보다는 다른 방법을 찾았다. 채용부서를 무시하고 회사의 매니저에게 직접 지원서를 전달하는 것이었다. 해적에게는 옳고 그른 방법이란 없다. '다른 방법'만 있을 뿐이다.

해외취업을 결심했을 때도 마찬가지였다. 내가 해외취업이라는 '다른 길'을 가려 할 때 친구들은 이렇게 말하곤 했다. "네 꿈은 너무 비현실적이야. 지금은 스펙을 쌓기에 바빠야지." "남들 다 토익 준비하는데, 너는 뭐 하는 거야?" 대다수가 정한 틀에 묶여 남들과 다른 길을 '틀린 길'이라고 여긴다. 남들과 다른 길을 가고 있다면, 혹은 가겠다고 결심했다면, 남들의 말에 기죽지 말아야 한다. 적어도 무작정 따라하는 것보다는 훨씬 낫다.

해적과 같은 영혼으로 다른 길을 택했다면, 해병과 같이 규율과 절제를 가지고 계획하고 실행해야 한다. 해적의 자유로운 영혼과 해병의 엄격한 실행력이 있다면 누구나 용수철처럼 자리를 박차고 나가 세계무대에 우뚝 설 수 있을 것이다.

Italia

이승우(이탈리아)

- ● (현) 에르노(Herno S.p.a.) 본부 남성복 모델리스트
- ● 스튜디오 프로토(Studio Proto) 모델리스트
- ● 세꼴리 패션스쿨(Istituto Secoli) 남성복 마스터 과정 수료

―――――

방향을 잘 잡으면
실패는 없다

이탈리아 모델리스트로 멋지게 살다

옷을 좋아하는 소년
꿈을 이루다

∷

이탈리아 북부 밀라노 근교 마조레 호수는 내가 가장 좋아하는 곳이다. 많은 사람들이 이탈리아의 호수하면 유럽에서 가장 수심이 깊은 코모호를 떠올리지만 나는 아니다. 나는 항상 내 것, 내가 하는 일, 내가 사는 곳이 가장 좋다고 믿고 살아간다. 지금 내가 살고 있는 호수 마을 리사 역시 내 눈에는 가장 아름답다.

나는 이곳 이탈리아의 시골 호수 마을에서 남성복 모델리스트로 일하고 있다. 패션 업계에서 모델리스트는 디자이너가 생각한 디자인을 현실로 구현해내는 작업을 하는 사람을 말한다. 디자인을 보고 의류 패턴을 제작하고 그 패턴을 이용하여 천을 자르고 옷을 봉제하고 완성하는 단계까지 모두 커버하는 직업이다.

의류 패턴은 무엇을 의미할까? 한마디로 옷을 만들기 전 옷감을 재단하기 위한 옷본을 말한다. 패턴의 디테일은 원단에 따라 봉제 방법에 따라 달라져야 하며 사람의 체형에 따라서도 당연히 달라진다.

고등학교 시절 내가 가장 좋아하는 것은 무엇일까 곰곰이 생각해본 적이 있다. 오랜 고민 끝에 옷이라는 결론이 났다. 마음에 드는 옷을 사서 내가 좋아하는 스타일로 입는 것이 정말 좋았다. 매일 교복을 입고 학교에 다녔기에 사복을 입고 소풍을 가거나 수학여행을 가기 전날에는 다음날 어떻게 입으면 좋을까 머릿속으로 즐거운 상상을 하며 하루를 보내곤 했다. 고등학교 졸업 후의 진로를 고민하던 나는 서울 동대문에 가서 몇 년간 의류 판매를 하면서 의류의 소재나 패턴을 공부한 뒤 나만의 브랜드를 만드는 상상을 해보았다. 즐거울 것 같았다. 저절로 입가에 미소가 지어졌다.

고등학교 3학년 때 이런 생각을 부모님께 말씀드렸더니 상당히 의외의 대답이 돌아왔다. 부모님은 "안 된다. 무엇을 하든 일단 대학에는 진학하기를 바란다"고 말씀하셨다.

그전까지 부모님은 내가 무언가를 하고 싶다고 결정하면 거의 나를 지지해주고 믿어주셨기 때문에 이번에도 나의 생각에 힘을 실어주실 것이라고 생각했다. 물론 그때까지 크게 바란 것이 없긴 했지만, 당시의 결정은 나에게 엄청나게 큰 사안이었다. 부모님의 반대에 부딪히자 처음에는 '그럼 이제 어떻게 하지?' 하고 매우 당황했다. 대학에 진학해야 할 것인지, 대학에 간다면 어느 대학을 가야 할 것인지 고민했다. 하지만 나는 공부도 안하고 있었다. 사실 공부를 못했지만 당시에는 자신만만하게도 안하는 거라고 믿었다.

그때 대학생이던 한 살 터울의 누나가 나에게 조금 의아한 이야기를 했다. 아버지와 어머니는 당시 집안사정 때문에 대학에 다니지 못하셨다고. 그분들에게 대학의 의미가 우리의 그것과 같을까? 사실 그때까지도 당연하게 부모님이 대학교육을 받으신 줄 알고 있었다.

그후로 나는 마음을 고쳐먹고 패션디자인학과나 의류학과 등이 있는 대학을 알아보기 시작했다. 내가 갈 수 있는 대학들은 생각보다 많았다. 다들 처음 들어보는 대학들이었지만.

지방대 패션학도
밀라노 유학생이 되다

: :

의류학과를 다니면서 단추에 내 이름을 새기겠다는 처음의 포부와는 조금 다른 방향으로 흘러갔다. 나는 생각보다 크리에이티브한 사람이 아니었다. 대학시절 내내 나의 강점이 무엇일까 고민하며 보냈다. 그러면서 이런저런 대외활동에도 눈을 돌렸다.

푸마 소셜커뮤니케이터(라이크 푸마), 코데즈 컴바인 서포터즈, 모델리스트 대회, 양장 기능사, 영어회화 등 대학생활 이외의 대외활동들이 앞으로의 방향성을 선택하는 데 많은 도움이 되었다. 나는 지금도 이런 활동들이 가장 중요하다고 믿는다.

대학생 때는 패턴 쪽으로 가야겠다는 생각을 가지고 나의 무대를 뉴욕으로 정한 다음 틈틈이 영어공부를 했다. 그러면서 뉴욕에서 유명 패션업체에 캐스팅되는 상상을 참 많이 했다. 예를 들면 침대에 누워 이런 장면을 머릿속에 그리는 것이다. 마크 제이콥스 팀의 직원에게서 전화가 온다. 그는 이렇게 말한다. "당신이 우리 디자인을 구현해주었으면 좋겠다. 당신 정도는 되어야 우리의 생각을 제대로 만들 수 있을 것 같다."

대학을 마칠 즈음에는 거의 마음을 굳혀가고 있었다. 1년 정도 국내에서 일하면서 차근차근 돈을 저축해 뉴욕으로 떠나기로 정했다. 뉴욕 주립대 FIT(Fashion Institute of Technology)에 진학할 수도 있고 3년 안에 상황에 따라 바로 일을 시작할 수도 있다고 생각했다. 그런 계획에 따라 일을 하려고 하던 중에 아버지가 먼저 유학을 제안하셨다. 아버지는 내가 공부를 더하고 싶어한다는 사실을 알고 계셨다. 항상 자식의 공부를 자신의 의무라고 생각하시는 분이었다. 그렇게 평생을 사셨다. 사실 나는 상당히 철없는 편이었다. 그 제안이 마냥 좋기만 했다. 어차피 외국에 나갈 계획이었는데 부모님의 지원까지 받게 된 것이다.

스물네 살의 나는 너무나 기쁘고 들떠서 다닐 학교를 알아보기 시작했다. 패턴 공부를 위해서는 남성복과 여성복 중 복종을 정해야 했다. 한국에서는 패턴을 공부하려면 여성복을 기본으로 하는 곳이 대부분이었는데 외국은 남성복 전공이 따로 있고 패턴도 마찬가지였다. 나는 접해보지 않은 남성복 패턴을 배워야겠다고 생각하고 선배들과 인터넷 검색의 도움으로 이탈리아 밀라노의 세콜리(Secoli)라는 패턴 학교를 알게 되었다. 선배들은 남성복 분야는 이탈리아가 전 세계 최고라고 했다. 세계 최고라니, 나의 마음은 태풍을 만난 파도처럼 넘실거렸다.

2012년 7월 13일의 금요일, 밀라노에 도착했다. 10월에 시작하는 과정에 앞서 링과두에라는 언어학교에서 90일간의 코스를 미리 끊어놓은 상태였다. 이탈리아로 오기 전에 이미 서울 교대역 근처 이탈리아 어학원에서 6개월의 언어코스를 들었지만 노력 부족이었는지 6개월 과정을 마치고 어학원 선생님과 마지막 허그를 할 때 선생님은 나에게 "챠오(ciao, '안녕'이라는 뜻의 이탈리아어)밖에 못해서 알레산드로(나의 이탈리아 이름)는 이탈리아 가서 어떡하니"라고 걱정을 해주셨다. 팩트 폭격이었다. 나도 내 언어 실력에 적잖이 놀랐다. 하지만 나의 마음속에는 걱정보다 설렘이 더 크게 차지하고 있었다. 진짜 챠오밖에 못하는 건 누구보다 내가 잘 알고 있었다. 그럼에도 다음 주면 가게 될 이탈리아에서 어떠한 일들이 벌어질까 하는 생각만 하면 저절로 입가에 미소가 지어졌다.

내게는 믿는 구석이 있었다. 10주 코스의 어학 과정이었다. 한국에서 몇 개월 동안 이탈리아어를 공부했지만 이곳 현지에서 공부하는 10주는 다를 것이라는 생각이 들었다. 이 기회가 나의 이탈리아어 실력을 자연스레 늘려줄 것이라 믿었다.

10주의 시간은 생각보다 빠르게 흘러갔고 학교에 입학해 2년 과정의 남성복 베이직 코스를 시작했다. 세콜리에는 베이직, 인텐시보, 마스터 코스가 개설되어 있었다. 각각 2년, 1년 그리고 1년의 과정으로 베이직과 인텐시보 과정은 기본적으로 똑같이 패턴에 대해 배우지만, 베이직 과정은 인텐시보 과정과 달리 패턴의 이해를 위해 좀 더 차근차근 진행되는 봉제과정이 더 많은 부분을 차지했다. 여기에 추가로 졸업 전에 자신의 디자인으로 옷을 진행하는 과정이 포함되어 있었다. 마스터는 1년 안에 기본적인 패턴을 진행하고 졸업 쇼도 같이 진행하며 추가로 자신의 프레젠테이션까지 해야 하는 1년을 가득 채운 코스였다.

남성복은 아직 경험해본 적이 없고 이탈리아라는 나라도 처음이고 해서 당연히 베이직 코스로 진행하는 것이 내게 적합하다고 생각했다. 처음 학교에 가서 사실 적잖이 실망했다. 우리 반의 인원은 총 15명이었는데 이탈리아 친구들이 4명, 중국 친구들 3명 그리고 나머지는 모두 나와 같은 한국인이었다. 패턴을 배우러 이탈리아 밀라노까지 왔는데 한국 사람이 절반이 넘고 이탈리아 친구들은 4분의 1밖에 안 된다니. 사실 어느 정도는 짐작하고 있었다. 내가 공부하고 싶은 의류패턴 분야를 가르치는 곳이 한국에서는 서울 SMA라는 곳 말고는 없었기에 그만큼 배우고 싶어하는 사람들도 없다는 것을…. 내가 대학을 다닐 때도 모델리스트가 되고 싶어하는 사람은 같은 학년에 나밖에 없었다. 더 놀라운 사실은 세콜리의 같은 반 한국인 친구들 중에도 나중에 모델리스트가 되고 싶어하는 사람은 나밖에 없었다는 점이다. 그럼 이 친구들은 왜 패턴 학교에 왔을까? 다들 나름의 이유가 있었다.

디자이너가 되고 싶어하는 친구, 사르토(Sarto, 수트를 만드는 장인을 일컫는 이탈리아어)가 되기를 원하는 친구도 있었다. 의류 무역 쪽을 생각하는 친구도 있었다. 그중에는 막연히 이탈리아가 좋아서 온 친구도 있었다.

1학년 과정 동안 내 마음을 채웠던 감정은 뭔가 만족스럽지 못하다는 것이었다. 생각보다 너무 기본적이어서 나의 갈증을 채워주지 못했다. 내 언어 실력이 좋은 편이 아니었는데도 수업을 따라가는 데 전혀 무리가 없을 정도로 정말 베이직한 코스였다. 나는 이곳에서도 학교 밖으로 눈을 돌리고 있었다. 한국의 대학시절처럼.

이탈리아 취업준비생

::

처음에는 마랑고니(밀라노에 위치한 디자인 스쿨) 학생들의 옷을 만들어주는 것으로 교외 활동을 시작했다. 우연히 알게 된 한국 유학생들의 과제를 도와주는 일이었다. 그렇게 하나씩 만들어보게 된 것이

나는
해외에서
먹고 산다

모델리스트가 되고 싶은 나에게는 좋은 경험이었던 것 같다. 사실 모델리스트라는 직업 자체가 자기 자신이 원하는 옷을 만드는 일이 아니고 디자이너가 생각한 디자인을 실제로 구현해내는 것이다. 그런 점에서 내가 그 예비 디자이너들의 작업을 도와주는 일은 충분히 보람찬 경험이었다. 마랑고니 학생들은 자신의 옷을 만들 때 부자재와 원단에 아낌없이 투자하는 친구들이었다. 여러 원단을 다뤄본 경험은 내가 학교에서 느끼던 갈증을 채워주었다. 게다가 수고비까지 받으니 학교생활보다 더욱 큰 즐거움을 주었다.

누군가 내게 잘하고 있다고
말해주기를 바라는 시간

::

여유란 무엇일까. 나는 살아오면서 자주 여유시간을 가졌다. 대학 시절 방학 때 미국 드라마 몰아보기나 기한에 쫓기며 아르바이트를 하다가 잠깐 들른 노천카페에서의 에스프레소 마시기는 내가 정말 사랑하는 일들이다. 시간을 따져본다면 첫 번째는 10시간이 걸리고 두 번째는 20분이 걸리지만 둘의 행복감은 비슷하다.

패턴학교 베이직 코스 2년에 마스터 코스 1년, 3년의 시간이 바람처럼 지나갔다. 처음부터 패턴공부를 하려고 이곳에 왔기에 공부를 마치고 일을 하려는 생각은 해본 적이 없었다. 그런데 생각이 조금

달라졌다.

　나도 한국의 심각한 취업난을 알고 있었고, 친구들이 그런 상황에 놓여 있었다. 청년실업 그리고 대기업 입사 신입사원 중 절반이 1년 안에 퇴사한다. 높은 퇴사율 때문에 면접장에 심사위원으로 무술인 관상가까지 등장한다는 한국. 우리나라지만 답답했다. 이곳 밀라노에 더 많은 기회가 있을 것 같은 막연한 기대감이 자랐다. 한국에서 좋은 회사에 들어갈 수 있을까라는 두려움도 한몫했다. 나는 귀국이냐 아니면 이곳에서 일자리를 찾느냐의 갈림길에서 선택을 해야 했다. 한국에 사는 친구들 대부분이 취준생이었다. 대학을 졸업하고 취직 준비로 시간을 보내고 있었다. 보통 1년 정도의 시간을 갖는 것 같았다. 그 기간 동안 컴퓨터 활용능력, 한국사, 오픽, 토익, 토익 스피킹 등 필요한 자격증을 따고 공기업, 사기업 할 것 없이 어디서 이름을 들어본 듯한 기업들에 입사 지원서를 내고 면접을 보고 입사할 때까지 그 과정을 반복한다.

　그러다 한 친구가 취업이 되면 남은 친구들은 초조해지기도 하지만 다른 한편으론 그런 소식이 좀 더 의지를 불태우는 장작이 되기도 한다. 답답함을 느꼈다. 나 자신에게 물어봤다. 내가 지금 한국으로 돌아가면 잘할 수 있을까? 나는 모델리스트가 되고 싶다. 좋은 옷을 만들고 싶다. 남성복을 배웠으니 실무에서 활동하고 싶다.

　밀라노에서 꼭 일해보고 싶다는 결론을 내리지는 못했다. 다만 한국보다는 쉬울 것 같았다. 내 인생을 결정하는 주체는 나고, 그 인생을 사는 것도 나고 그 인생을 책임지는 것도 나다. 내 결정을 믿고 그것에 집중하기로 했다.

마스터 코스를 마칠 때 개인 발표회가 마련되는데, 여러 브랜드의 사람들이 그 프레젠테이션을 보러 온다. 그 기회가 취업으로 이어질 가능성이 많았다. 마스터 코스를 하면서 어떻게든 기회를 잡아 취직을 해야 한다는 생각이 확고해져갔다. 2014년에는 마스터 여성복 그룹과 몽클레르가 합동으로 프로젝트를 했고 그중에서 성과가 좋은 친구에게 인턴 기회가 주어졌다. 나도 마스터 코스 마지막의 프레젠테이션에서 기회를 얻고 싶었다. 내가 프레젠테이션을 할 때 학교에서 돌체앤가바나(이탈리아의 유명 패션 브랜드) 면접을 잡아주었고 프레젠테이션 장에는 휴고보스(독일계 패션 브랜드)와 에르메네질도 제냐(이탈리아의 명품 남성 패션 브랜드)의 모델리스트들이 와 있었다. 나는 나름 면접을 잘 보았고 프레젠테이션도 잘 마쳤다. 발표회 후에 그들이 건네준 명함을 받고 집으로 돌아와 바로 이력서를 보냈다. 그리고 6개월이라는 기다림의 시간을 보냈다.

명품 패딩 모델리스트
::

면접 이후에 학교에서 전화가 왔다. 일을 시작하게 되었으니 학교에 와서 자세한 설명을 들으라는 이야기였다. 기쁜 마음으로 학교로 가서 설명을 들었다. 몇 주 뒤 바로 출근을 하면 된다고 했다. 인턴 6개월 계약이었다. 나는 고맙다고 말하고 인턴 이후에는 어떻게 되는지 조심스럽게 물어보았다. 학교 측의 답변은 그건 인턴 이후에 회사에서 결정할 일이라고 했다. 예상된 답변이었다. 나의 태도에 따라서 희망이 있다. 이 희망이 나에게는 아주 중요했다.

회사는 밀라노가 아닌 다른 도시였다. 라고 마조레(Lago Maggiore) 근처의 레자라는 작은 마을이었다. 들어본 적도 없는 도시였다. 나는 부랴부랴 떠날 채비를 하였고 그날이 되었다. 회사에서는 나의 숙소로 회사 아파트를 마련해주었다. 기대 이상의 컨디션이라 기분이 좋았다. 회사를 둘러보았다. 명품 패딩 브랜드의 헤드쿼터(본부). 사실 내가 제일 좋아하는 패딩 브랜드는 따로 있었지만 좋은 브랜드라는 것은 알고 있었다. 한국에서는 구매하는 연령층이 나보다 조금 높아서 내가 크게 관심을 가지지 않았지만 직접 패턴실 한쪽에 놓인 샘플들을 보니 내가 알던 스타일 말고도 젊은 층의 옷들이 상당히 많았고 고어텍스 라인, 심리스 라인 등 내가 모르고 있던 상당한 기술력의 라인들도 있었다. 이런 새로움이 처음부터 마음에 들었다.

옷의 패턴을 만드는 시스템은 모두 컴퓨터 캐드로 자리 잡혀 있었다. 학교에서 캐드를 공부했지만 이곳의 프로그램은 내가 배운 것과 달라서 처음에는 캐드 교육을 받았다. 학교에서 손 패턴을 미리 숙지한 상태이고 프로그램만 조금 다를 뿐이어서 따라가기에 크게 무리는 없었다. 프로그램이 어느 정도 손에 익고 난 뒤 팀장이 도식화 하나를 주었다. 그 도식화를 보고서 패턴 작업을 한번 해보라는 것이었다. 나는 일종의 연습이라고 생각하고 금세 패턴작업을 했고 내가 컴퓨터로 작업한 패턴이 이틀 뒤에 샘플로 나왔다. 내가 패턴작업을 하면 다른 팀에서 천을 자르고 봉제팀에서 봉제를 해서 다시 나에게 돌아왔다. 신기하고 뿌듯했다. 처음 겪어보는 기분이었다. 나는 그전까지 모든 과정을 혼자서 해왔다. 디자인하고 패턴을 그리고 천을 자르고 봉제를 한 뒤 내가 보는 것이다. 회사에서는 내가 패턴을 만들면 봉제는 다른 사람이 해주니 너무 좋았다. 패턴을 할 때면 머리가 아프고 봉제를 할 때면 몸이 아팠다. 이왕이면 머리 아픈 일이 나에게 맞는 것 같았다. 내가 만들고 내가 생각한 대로 만들어주는 시스템이 무척 마음에 들었다.

봉제를 위한 설명서도 내가 작성해야 했다. 이탈리아어로 봉제 설명서를 작성해서 봉제팀에 넘기고 옷에 필요한 액세서리 등을 프로젝트팀에 넘기고 완성된 패턴은 커팅팀에 넘긴다. 옷이 완성될 때까지 문제가 없다면 가만히 기다리면 된다. 만약 문제가 생기면 해당 팀에서 연락이 온다. 그러면 모델리스트가 컨트롤을 하게 된다.

이런 과정에서 사실 나의 언어능력이 약간 문제가 되었다. 아직도 언어가 부족했다. 하지만 팀원들은 나에게 외국인인 데다 아직 인턴으로 배우는 과정이니 그럴 수 있다며 격려해주었다. 도시와 다른 시골의 정일까.

시계는 필요 없다
나침반이 필요할 뿐

::

한국에서 모델리스트의 꿈을 꾼 이유는 단순히 옷을 좋아하니 옷에 관련된 일을 하면 좋을 것이라는 생각에서였다. 대학에서 옷을 만들어보는 과정을 경험하면서 내가 옷의 패턴을 제작하고 봉제를 하는 과정에 소질이 있다고 느꼈다. 하지만 실제로 일을 해보니 모델리스트는 이 부분은 당연히 기본적으로 갖춰야 하고 전반적인 옷의 생산라인을 이해하고 컨트롤할 수 있어야 했다.

다른 분야는 몰라도 내 분야에서는 일을 시작할 때 언어가 크게 문제되진 않았다. 그도 그럴 것이 일단 기본적인 패턴에 관련된 용어는 내가 숙지하고 있어서 디자인을 받아서 패턴을 제작하는 것에는 크게 문제가 없었기 때문이다. 봉제팀을 위한 봉제 설명서를 작성하는 일도 물론 처음에는 무척 어려웠지만, 인턴 기간 동안 옆에서 수정해주고 알려주는 동료 덕분에 큰 틀 안에서만 움직이면 그다지 어려울 것이 없었다.

오히려 문제는 다른 곳에서 발생했다. 내가 넘긴 옷의 봉제 과정에서 내가 만든 패턴에 실수가 발생하면 봉제팀에서 연락이 온다. 이거 누가 했냐면서 봉제대장 할머니가 우리 팀으로 찾아온다. 처음에는 이런 상황이 발생할까봐 무척 긴장하고 노심초사했다. 실제로 이런 일이 생기면 긴장한 탓에 가뜩이나 언어 실력이 모자르니 의사소

나는
해외에서
먹고산다

통이 잘 안 되었고 내가 넘긴 패턴이 한두 개가 아니기 때문에 그 옷에 대한 디테일을 바로 떠올리기도 쉽지 않았다. 떠올렸다고 해도 문제를 다루는 능력은 아직 부족했다. 이러한 약점을 보안하기 위해 언어를 계속 공부할 수밖에 없었다. 그리고 조금은 뻔뻔해지려고 노력 중이다.

내가 느끼기에 이곳 이탈리아에서 일하는 한국인들은 다른 나라 친구들보다 자기가 맡은 일에 책임감을 가지고 잘해내는 편이다. 물론 나 같은 사회 초년생들에게만 해당되겠지만, 갑자기 발생한 상황을 처리하는 능력은 조금 부족해 쉽게 패닉에 빠진다. 반면 이탈리아 친구들은 자신이 실수한 부분이 있더라도 자신이 잘못했다는 말보다 당장의 문제해결이 먼저라는 생각으로 차선책부터 제시한다. 이 부분 역시 언어를 좀 더 공부하면서 해결될 것이라고 믿는다.

옷을 만들 줄 아는 실력 덕분에 일할 수 있는 기회가 생겼지만 좀 더 옷을 잘 다루기 위해서는 끊임없는 노력이 필요하다. 나는 계속해서 움직이는 중이다. 빠를지 느릴지 모르겠지만, 나의 방향만은 옳다고 믿고 전진해 나간다.

Part 2

두드리면 열린다!
야무지고 똑똑하게

—

결정적인 순간에 승부수를 던져라
독일 경영 컨설턴트 이야기 (변유진)

문은 두드려야 열린다
홍콩, 우연히 찾은 기회의 나라 (유아란)

최선을 다하면 행운이 따라 온다
네덜란드 워킹맘으로 살기 (이혜선)

Germany

변유진(독일)

- (현) 액센츄어(Accenture) 경영 컨설팅 매니저
- 도이체 텔레콤 컨설팅(Detecon) 시니어 컨설턴트
- 독일 서부 공영 방송국(WDR) 자막 제작부 관리자

결정적인 순간에
승부수를 던져라
독일 경영 컨설턴트 이야기

내 방식대로 살기를 잘했다
∴

　지금은 독일에서 현지인처럼 익숙하게 살고 있지만, 이렇게 정신적, 경제적으로 안정감 있는 삶을 살게 되기까지 지난 14년간 많은 굴곡이 있었다. 현재 느끼는 안정감이 아직도 낯설기만 하다. 35년이라는 짧다면 짧고 길다면 긴 세월 동안 여러 차례 뒤바뀌는 환경과 인간관계에 부딪히며 싸우느라 여기저기 찢기고 남루해진 전사복 차림의 원더우먼으로 살아왔다. 문득 더 이상 맞서 싸울 대상이 없다는 것을 깨달은 어느 날, 비즈니스룩의 7년차 매니저가 되어 있는 나를 발견했다.

　독일과의 인연은 일찌감치 시작되었다. 한국에서 태어나 만 두 살

때 부모님을 따라 오스트리아와 독일로 건너와 독일에서 유년기를 보냈고, 만 열한 살 때 다시 한국으로 돌아가 청소년기와 2년간의 대학시절을 그곳에서 보냈다. 한국에서 지내는 10년 동안 독일어 한마디 제대로 구사할 기회가 없었는데도 늘 어린 시절 독일에서의 기억을 짚어가며 그리워했던 건 사실이다.

결국 독일로 유학 가고 싶어 무턱대고 독일 대학 세 곳의 법학과와 미디어학과에 원서를 냈다. 두 군데에서는 불합격 통지를 받았고, 마지막으로 남은 쾰른대학교의 입학허가서가 오기만을 기다렸지만 아무런 연락이 없었다. 불합격을 예상하고는 독일 유학을 포기한 채, 영국 어학연수 길에 올랐다. 영국으로 가는 길에 며칠 머물 일정으로 독일에 도착했다. 공교롭게도 다음 날 쾰른대학교 입학허가서가 한국에 도착했다는 연락을 받았다. 외국학생들의 입학허가를 관리하는 쾰른대학교의 국제학생처(Akademisches Auslandsamt)를 찾아가서 만난 직원은 외국인 전형 4자리에 800명이 지원했다는 이야기와 여기에 합격했다는 건 200:1의 경쟁률을 뚫었다는 말이니 딴생각 하지 말고 그냥 오라는 말만 반복했다. 결국 영국에서의 모든 어학연수 계획을 취소하고 한국으로 돌아가 학생비자를 발급받고 다시 독일에 도착했지만 이미 1학기의 절반 이상을 놓친 상황이었다.

대학 홈페이지에 로그인하고 짜놓은 시간표대로만 하면 되었던 한국에서의 대학생활과는 달리 쾰른대학교에서는 인문대학 건물의 구석에 놓인 두툼한 책을 뒤적여가며 필수와 교양과정 강의를 스스로 찾아 짜야 했다. 누군가가 정해준 대로만 하는 데 익숙해져 있던 내게 그건 엄청난 문화충격이었다. 우르르 몰려다니며 같이 밥먹고 같이 공부할 대학동기 하나 없이 한마디도 알아듣지 못하는 법학과 심리학 강의를 들어야 했던 처절하기만 했던 첫 1년, 이게 내 독일 유학생활의 시작이었다. 결국 우여곡절 끝에 쾰른대학교 학사와 석사과정을 5년 반 만에 무사히 졸업하게 되었고, 독일 서부 공영 방송국(Westdeutscher Rundfunk), 도이체 텔레콤 컨설팅(Detecon International)을 거쳐 현재는 액센추어(Accenture) 경영 컨설팅사에서 매니저로서 자동차 산업과 관련된 컨설팅을 하며 뮌헨에 살고 있다.

주변을 둘러보면 참 스마트하고 열정적이며 구체적인 목표를 가지고 계획한 대로 커리어를 척척 수행해가는 친구들과 지인들을 여럿 본다. 그런 사람들이 때론 부럽다가도 내가 갖지 못한 그들의 탁월한 능력을 쫓기보다는 그냥 내 방식대로 살길 잘했다는 생각을 자주 한다. 난 지금껏 커리어를 계획한 적이 없으며 인생의 비전이란 걸 구체적으로 세워본 적도 없다. 좀 우습긴 하지만 생각해보면 지금 살고 있는 삶은 14년 전 촌스러운 유학생의 머릿속엔 존재하는지조차도 몰랐던 만족스러운 삶이다. 어쩌면 구체적인 계획을 세우고 그것을 하나하나 따르는 것은 스스로를 무한대로 발전시킬 수 있는 가능성을 한정짓는 것일지도 모른다는 생각을 해본다.

해외취업에 관심 있는 사람들을 위해 여러 번 마주하게 되는 커리어의 갈림길에서 어떤 이유로 어떤 선택을 하여 우연을 기회로 만들 수 있었는지, 또 외국 사람들과 일하면서 겪게 된 도전 상황을 어떻게 극복했는지에 대한 경험담을 소개하려 한다. 뿐만 아니라 스몰톡을 할 줄 몰라 파티장 한 구석에 뻘쭘하게 서 있던 한 동양 유학생이 생김새는 다르지만 독일인과 다름없이 살게 되기까지의 과정, 그리고 그 뒤에 숨겨진 태도의 변화를 아낌없이 공유하고자 한다.

개인의 생각과 의견을 존중하는 독일

::

2003년 말 유학길에 오를 당시 부모님의 바람은 독일에서 학부와 석사를 거쳐 '빨리' 박사까지 마치고 한국에 돌아와서 대학에서 강의하는 교수가 되는 것이었다. 그와 대조적으로 나의 바람은 이러이러한 공부를 해서 나중에 이러이러한 직업을 가지고 열심히 살아야지 하는 생각보다는 무조건 집에서 나가 보자는 생각이 지배적이었다. 그렇다고 굳이 공부를 마치고 독일에서 살아야겠다는 생각은 하지 않았던 것 같다.

대학과 전공을 정하는 것도, 원서 내는 것도, 친구 사귀는 것도, 앞으로 어떤 길을 걷고 어떤 직업을 가져야 할지, 발걸음 하나조차 내 맘대로 내딛지 못하고 억압받으며 숨 막히게 살아왔던 터라 그 모든 것에서 벗어나고 싶었다. 굉장히 엄하고 가부장적인 아버지 밑에서 자라 성인이 될 때까지 단 한 번도 내가 원하는 것이 무엇인지, 내 의견이 무엇인지 생각할 기회조차 가지지 못한 채 그냥 아버지가 시키는 대로만 따르며 살아왔었다. 그러한 가정환경은 독일에서 공부하고 적응하는 데 큰 걸림돌이 되었다.

쾰른대학교 미디어학과는 전공과목을 두 개 고르도록 되어 있어서 난 미디어법학과 미디어심리학을 선택(당)했다. 그 당시 한국의 학사·석사 통합과정과 비교할 수 있는 독일의 디플롬이라는 학위를 따기 위해서는 학부 때는 법학과 심리학 수업을, 그리고 석사과정 때는 미디어법학과 미디어심리학 전공수업을 들어야만 했다. 특히 법학 강의는 정말이지 3학기 동안 내 눈물콧물을 쏙 빼게 만들었다. 독일인도 어려워하는 독일 법률용어도 난관이었지만 일종의 판결문처럼 작성해야 하는 판결 의견서는 더 큰 문제였다. 한국에서 외국어특기자로 대학에 들어가면서 논술의 '논' 자도 들어보지 못하고 객관식 시험문제에만 익숙해져왔던 내게 정말 큰 난관이 아닐 수 없었다.

입학하고 첫 해에 헌법, 민법, 행정법 등의 강의를 들어야 했는데, 특히 민법 시험에 나오는 판례는 어떻게 준비해야 할지 몰라 가히 절망적이었다. 이건 외워서 해결되는 것도, 옆 사람 시험지를 베껴서 해결되는 것도 아니었다. 500석 규모의 법대 강의실에는 판결 의견 작성이라는 독일 법대 특유의 케이스 풀이 방식으로 법률조항과 논리적인 자기 생각을 30~40페이지씩 적어 내려가는 학생들로 가득했고 그건 내게 이루 말할 수 없는 쇼크였다.

비단 강의실뿐만이 아니었다. 초기에 가장 이질감을 느꼈던 것 중

하나는 레스토랑에서 음식을 주문할 때였다. 한국에서처럼 같이 간 친구들이 자장면을 시키면 나도 따라 시키면 되었던 것과는 달리 독일에선 아무리 인원이 많아도 먹고 싶은 게 다르면 각자 다른 요리를 시켜서 먹었다. 태어나서 처음으로 일상생활의 사소하고 작은 것들에 대한 나의 선호, 나의 성향을 찾아가는 기분이었다. 결국 그에 따른 나의 생각과 의견, 나의 선택을 결정해야만 하는 상황들은 큰 도전이자 자존감을 세우고 자신감을 키울 수 있는 기회이기도 했다.

독일은 네덜란드, 프랑스, 이탈리아, 스페인 같은 중유럽 국가들 중에서도 꽤 진지한 분위기가 감도는 나라다. 그래서인지 친구네 파티 자리에서조차 "너는 이런 정치적 문제에 대해 어떻게 생각해?" 혹은 "사형제도에 대한 네 의견은 뭐야?"라는 질문을 받기 일쑤였는데 한번은 그런 질문을 받고 내 의견이 뭔지도 모르는 나 자신이 부끄럽고 바보 같아서 갑자기 눈물을 펑펑 쏟은 적도 있다. 한 개인의 의견에 대해 한국과 확연한 차이점이 하나 더 있다면 'Having a consens about a dissent'라는 게 존재한다는 것이다. 토론을 하다가도 '네 의견이 나랑 달라서 기분 나빠' 혹은 '너 그렇게 안 봤는데'가 아니라, '네 의견과 내 의견은 다르지만 그 다른 점에 동의하고 충분히 존중한다'는 의미다.

허드렛일부터 방송국 자막 교정까지

::

　학사과정을 마치고 대개 석사과정 중간쯤 될 시기에 독일 학생들은 외국으로 교환학생을 한 학기 다녀오곤 한다. 유럽연합 국가의 대학학위 공동인정 협약인 볼로냐협약으로 유럽 내 대학들이 학제를 통일함에 따라 유럽 학생들에게는 유럽 대학 간 학생교류가 쉽고 특히 에라스무스(Erasmus)라는 프로그램을 통해 대학끼리의 학생 교류가 더 활발하게 이루어지고 있다. 연방장학법(BAföG: 직업과 직업교육 지원법, 보조금의 액수는 부모의 소득액에 따라 조정된다)에 의거해 정부로부터 학업보조를 받을 수 있다. 스페인이나 프랑스 또는 이탈리아로 교환학생을 떠나는 독일 학생들은 대학에서의 학점보다는 그 나라 사람들과 어울리며 한 학기 만에 그들의 언어와 문화를 터득해오는 것을 목적으로 하는 경우가 흔하다. 그렇게 배운 제3의 외국어는 그 다음 해 긴 여름방학을 이용해 외국에서 또다시 인턴십을 하게 되는 계기가 된다.

　나의 경우 취업준비를 하면서 뒤늦게 알게 됐지만 교환학생과(해외) 인턴십 경험은 독일에서 취직하는 데 우수한 졸업학점과 함께 필수조건이다.

　인턴십의 장점은 처음엔 주로 까다롭지 않은 프로젝트로 단순한 '허드렛일'을 하며 팀을 지원하는 정도지만 일을 잘 수행할 경우 얼마 지나지 않아 점점 중대한 업무를 맡게 되면서 관리자의 신뢰를 얻을 수 있다는 데 있다. 프로젝트의 성공을 좌우하는 핵심 멤버는 아니지만 그저 곁에서 프로젝트 매니지먼트, 팀워크는 프레젠테이션 작업 또는 클라이언트와의 관계 등을 잘 관찰하고 배울 수 있는 기회이기도 하다. 한마디로 인턴십은 사회 초년생으로서 산업 전문가들과 첫 인연을 맺는 기회이고 그때 만난 사람들은 본격적으로 커리어를 진행하면서 여기저기서 또다시 만나게 될 확률이 높다. 독일에서는 뛰어난 인턴들에게 졸업 전에 정규직을 제안하는 경우가 많아 결과적으로 또 다른 취업의 길이 되기도 한다.

독일로 유학간 지 4년째가 될 무렵, 동기들은 교환학생 가랴, 인턴십 하랴 바쁘게 보내는 동안 난 졸업 전에 반드시 아버지로부터 독립을 이루리라 굳게 마음먹고 아르바이트를 시작하게 되었다. 진정한 독립은 부모님으로부터 경제적으로 독립하는 것이기 때문이다. 주중에는 학점 때문에 수업을 들어야 했기에 금요일과 토요일 저녁 8시부터 시작해 다음날 새벽 6시까지 레스토랑과 바 서빙을 했다. 당시 최저시급은 9천 원 정도였는데 팁이 시급만큼 짭짤하여 10시간 일하고 나면 잘 버는 날엔 20만 원씩 손에 쥐게 되었다. 새벽에 마무리 청소까지 마치고 차비를 아끼려 집까지 5km 되는 거리를 걸어가곤 했다.

6개월쯤 그렇게 버티다 너무 힘들어서 처음으로 독일어로 된 CV(Curriculum Vitae, 이력서)라는 걸 써보고 한 사회학 연구소에서 아르바이트 학생(Werkstudent)으로 일하게 되었다. 학생비자로는 1년에 90일 이상 일할 수 없다는 규정 때문에 시급 약 1만 3,000원을 받고 일주일에 16시간까지 일할 수 있는 연구소 아르바이트 자리는 서빙 아르바이트보다 금액은 적었지만 체력 소모가 덜해 그만큼 공부에 집중할 수 있었다. 여기저기 3개월씩 해외 인턴십을 하며 스펙을 쌓아가는 동기들을 보며 약간 불안해진 나는 학생비자 때문에 외국으로 나가지 못한다면 쾰른에서 뭐라도 해봐야겠다는 생각에 RTL이라는 독일 민영방송사의 엔터테인먼트 프로그램에 무급으로 6주 인턴십을 하기도 했다.

결국 1년 반 만에 경제적으로 독립을 하게 되었고 두세 개의 시험과 석사졸업 논문만 남은 마지막 두 학기를 앞두고 우연히 강의시간에 옆에 앉은 아르메니아 출신인 안나와 친해지게 되었다. 안나는 독일 서부 공영방송국(Westdeutscher Rundfunk) 자막 편집부에서 아르바이트를 하고 있었는데, 어느 날 편집부에서 프리랜서를 구한다며 관심 있는지 물었다. 명색이 미디어학과 학생인데 독일에서 제일 알아주는 방송국 중 하나인 서부 방송국에서 일할 수 있는 기회라니! 다만 독일어 문법과 맞춤법을 완벽하게 소화하는 능력이 필수조건이었다. 받아쓰기 하나는 어릴 때부터 자신 있던 터라 면접과 짧은 독일어 문법, 맞춤법 테스트를 거뜬히 합격했다.

마침내 자막 편집부에서 아르바이트 학생으로 시작해 나중엔 프리랜서로 독일어 자막을 쓰고 교정 보는 일을 하게 되었다. 양질의 교양 프로그램과 교육 프로그램 덕에 독일 서부 방송국을 다니면서 내 독일어 실력은 날로 향상되었고 매일 어학코스 수업을 가는 기분으로 졸업논문을 제출할 때까지 나름 편하게 생활비와 학비를 벌 수 있었다.

공부가 끝나갈 때가 되자 서서히 한국에 돌아가기 싫다는 생각이 들었다. 비실용적이고 이론으로만 가득한 박사는 더더욱 하기 싫었고 한국에서 대학교수로 사는 모습을 상상만 해도 숨이 턱턱 막혔다. 대학생활 막바지가 되어서야 독일에서 취직해야겠다는 생각이 들었으니 다른 동기들에 비해 준비가 부족할 수밖에 없었다.

인생의 터닝 포인트
독일에서 취업하기

::

마지막 두 학기 동안 40시간 일하며 공부한 탓에 논문 제출하기 일주일 전에 탈이 나고 말았다. 탈진 증세가 이미 몇 달 전부터 있었지만, 몸의 이상증세를 알아볼 줄도 몰랐던 데다 정말이지 단 하루도 한 시간도 이 지긋지긋한 공부를 더 이상 하고 싶지 않았다. 논문 제출일을 미루지 않기 위해 아픈 걸 무시하고 강행하다 보니 결국 몸이 견뎌내지 못하고 만 것이었다. 고열로 쓰러져 3일 정도는 밥도 물도 못 먹고 사경을 헤맸다. 어느 정도 정신을 차리자마자 초췌한 얼굴에 잔열이 있는 상태로 학교로 기어가 기어이 논문을 제출했다.

2009년 8월 20일에 졸업논문을 제출했는데 그때부터 소위 카운트다운이 시작되었다고 할 수 있다. 학생비자로 독일에서 공부를 마친 외국인에게는 논문 제출일로부터 정확히 1년간의 시간이 주어진다. 1년 안에 풀타임 정규직 채용이 되지 못하면 독일에서 결국 추방되는 비자 규정 때문이다. 가는 날이 장날이라고 학위를 받고 취업준비를 하려고 하는데 마침 금융위기가 터졌고, 그 바람에 기업 홈페이지 수십 군데를 아무리 둘러보아도 신입을 채용하는 기업은 거의 없었다.

철저하게 인문학 중심적인 가정에서 태어나 자라면서 내겐 문학, 철학, 심리학, 법학 등이 우물 안 세상에서 바라보는 시선의 전부였다. 장래희망이라면 피아니스트, 동시통역가, 교수 정도였다. 그 외에 경영학, 경제학, 공학 등이 있다는 걸 어렴풋이 알긴 했지만 아예 관심을 가지지 않았었다. 그때까지 대학이라는 울타리 밖에 어떤 직업들이 있는지, 어떤 회사들이 있는지 한 번도 생각하지 못했던 것이다.

취업준비를 하면서 알게 된 우물 밖 세상은 참 신기했다. '아, 내가 회사원이 될 수도 있겠구나' 하는 생각을 그때 처음으로 하게 되었다면 믿겠는가! 뭘 하고 싶은지 구체적으로 알지도 못한 채 그냥 여기저기 입사지원서를 보냈다. 방송국이 아닌 간혹 관심 가는 다른 곳의 채용공고나 직무기술서(job description)를 보면 웬만한 기술을 다 갖춘 사람이 무슨 신입이야 하는 생각이 들 정도로 요구하는 게 많았다. 경영학과 졸업생, 최상위 학점에 교환학생, 외국에서의 다양한 인턴십 경험, 이런저런 전문 분야 경험 등 내가 가지지 못했거나 그 상황에서 쉽게 취득할 수 없는 스킬들이었다. 더군다나 저 바깥세상이 요구하는 건 이론을 잘 아는 박사나 대학에서의 공부벌레가 아닌 실용적인 비즈니스 경험과 경영학/MBA라는 걸 깨닫고 '이때까지 난 뭐했나', '미디어학과 졸업해서 뭐하나' 하는 걱정으로 앞날이 막막하기만 했다.

9개월간의 노력은 아무런 결실도 맺지 못했다. 주위 졸업 동기들도 금융위기 때문에 힘들어하긴 했지만 결국 다른 도시로 이사까지 하며 하나둘씩 방송국에, 대기업에, 광고 대행사에, 중소기업에 다양하게 취업하는 모습을 보며 점점 커지는 압박감을 견딜 수 없었다.

다행히 비자만기 2개월을 앞두고 행운이 찾아왔다. 당시까지 계속 일하고 있던 자막 편집부가 갑자기 자회사를 설립해서 방송국에서 분리되어 팀원 80명을 50명으로 줄이는 과정에서 프리랜서인 내게 풀타임 정규직 제안이 온 것이다. 추방되기 직전이니 반가운 소식이었고 그렇게 첫 직장을 갖게 되었다.

정말 하고 싶다면
끝장을 보자

::

'화장실에 들어갈 적 마음 다르고 나올 적 마음 다르다' 하지 않았던가. 학생 때는 꿈만 같고 건물을 들어서는 것만으로도 뿌듯하고 배울 게 많았던 방송국에서 더 이상 배울 게 없다는 생각이 들면서 업무가 지루해지기 시작했다. 24시간 방송을 내보내기 위해 아침조, 오후조, 저녁조, 야간조, 이렇게 4교대로 주말에도 휴일에도 정기적으로 근무를 했다. 제법 빨리 교대근무 관리자가 되어 한 주는 아침조, 한 주는 야간조를 맡아 자막 생산부터 시작해 4회를 거치는 교정 작업과 9시간 동안 뉴스와 생방송을 포함한 자막방송을 책임지게 되었다. 하지만 한 조에 10~15명씩 되는 인원을 그날그날 배정할 수 있는 권한이 생겼음에도 불구하고 매일 반복되는 오퍼레이션이 내 미래에 과연 어떤 도움이 될까 회의가 들었다. 교대근무로 인해 불면증과 소화불량도 생겼고 늘 피곤한 일상에서 벗어나고 싶은 마음에 실낱같은 희망을 안고 지원서 쓰기를 포기하지 않았다.

2011년 밸런타인데이였다. 피트니스 센터를 갔다가 밸런타인데이이라고 복싱 코스가 취소됐다는 말에 실망하고 돌아서는데 대학시절 같이 미디어법학을 듣던 동기가 서 있는 게 아닌가. 커피나 한잔 하자며 피트니스 센터 커피기계 앞에 앉아 졸업 후에 지냈던 얘기를 나눴다.

그 친구는 미디어법학, 미디어경영학 전공이었는데 직원 1,000명 가량 되는 컨설팅 회사에 애널리스트로 취직했다며 배우는 것도 많고 일도 너무 재미있다는 얘기를 했다. 그가 지나가는 말로 "참, 옆 부서 팀이 6개월 인턴을 구하는데 혹시 관심 있어? 인턴 자리지만 일 잘하고 잘 맞으면 정식으로 채용할 가능성도 꽤 높대"라고 한마디 던졌다. 일단 지푸라기라도 잡는 심정으로 그 친구 추천을 통해 CV를 보냈고 몇 주 후 한 시간짜리 면접을 보았다.

인턴 자리이기에 면접이 그리 까다롭지는 않았다. 정해진 형식 없이 간단한 자기소개를 하고 백그라운드를 묻는 질문에 답했다. 예를 들면 이런 질문들이었다. "어떻게 해서 독일어가 이렇게 능숙하냐?" "왜 미디어학과를 나와서 컨설팅을 하려고 하냐?" 그 다음엔 간단한 문제를 풀어야 했는데, '텔레커뮤니케이션 회사 X가 핀란드로 사업 확장을 하려고 하는데 핀란드에서는 몇 명 정도를 핸드폰 가입자로 추정해야 하는가?' 하는 문제였던 걸로 기억한다. 첫 몇 초간은 '핀란드 인구가 몇 명이지?' 하고 머릿속이 아찔해져 이걸 어떻게 풀지 싶었지만 어떻게든 풀어나갔던 것 같다. 몇 년이 지난 후에야 면접자에게 이런 케이스 풀이를 시킬 때는 결국 첫 추정(assumption)을 어떻게 내리는지, 그 숫자를 가지고 어떻게 풀어나가는지 하는 과정을 중점적으로 보는 거라는 사실을 알게 되었다. 핀란드 인구를 정확히 맞히는지 못 맞히는지를 보는 것은 아니라는 얘기다.

어쨌든 면접을 본 매니저의 오케이로 DAX(독일 증권거래소 상위 30

개사의 종합주가지수) 10위 안에 드는 대기업 도이체 텔레콤의 자회사인 데테콘인터내셔널(Detecon International)이라는 컨설팅 회사에 6개월 인턴으로 시작하게 되었다. 방송국에 사표를 내자 주위의 거의 모든 사람들이 날 보고 미쳤다고 했다. 높은 연봉은 아니지만 그래도 매월 연금과 세금, 보험료를 제하고 200만 원 전후로 받는 정식 직장을 그만두고 그 당시 단 60만 원도 안 되는 월급을 받으며 인턴을 하는 게 말이 되냐는 거였다. 하지만 난 방송국에 사표 내고 인턴으로 출근하면서 말로 표현할 수 없는 해방감을 느꼈다. 눈이 뜨이고 귀가 뚫리는 듯한 느낌이랄까. 신세계와 같은 비즈니스, 모든 게 그저 신기했다. 회사에서 많은 사람들을 만나고 새로운 걸 배울 수 있다는 감사함에 하루를 시작했고 일이 너무 재밌어서 미쳐버릴 것 같은 마음으로 일했다. 그 마음이 주위 사람에게도 전달되었는지 6주 만에 선임에게 6개월 인턴십을 5개월로 줄이자는 제의를 받고 바로 애널리스트로 채용하는 정식 고용계약서에 사인하게 되었다.

그렇게 방송국을 그만두고 인턴으로 들어간 컨설팅 회사를 시니어 컨설턴트가 되기까지 6년을 다녔다. 평균적으로 한 직급에 머무는 시간이 2, 3년인데 난 3년 반 만에 인턴에서 애널리스트, 컨설턴트를 거쳐 결국 시니어 컨설턴트가 된 것이다. 그만큼 남들보다 일도 많이 했지만 내 적성에 맞는 일을 찾아 별로 힘든 줄 모르고 회사를 다닌 것 같다.

방송국을 그만둘 당시 나를 가장 이해하지 못했던 친구 중 한 명인 안나는 6년 반이 지난 지금도 새로운 걸 시작할 용기가 없어 불행해하면서도 여전히 방송국을 다니고 있다. 둘러서 가는 길이 처음엔 멀어 보일지 몰라도 자신이 정말 하고 싶은 일이라면 결국 그 길이 장기적으로는 개인의 발전에 더 이득이 될 수 있다는 생각을 해본다.

숨지 말고 정면 돌파
자기 분야에서 프로페셔널하게

::

현재는 6년 다닌 데테콘인터내셔널을 떠나 액센추어라는 기업의 경영전략, 디지털, 기술, 사업 전반을 지원하는 미국의 다국적 경영 컨설팅 회사에 매니저로 일하고 있다. 액센추어는 2018년 현재 전 세계에 총 43만 명의 직원을 두고 있다. 나는 경영 컨설팅 소속으로 자동차 산업 분야에서 BMW, 폭스바겐, 아우디, 다임러 같은 클라이언트의 영업부나 마케팅 부서의 디지털화 프로젝트들을 진행하고 있다.

지금은 어떻게 보면 당연하게 하고 있는 일들이지만 처음부터 모든 게 쉬웠던 건 결코 아니다. 어린 시절을 독일에서 보낸 터라 한국에서 늘 동기들에게 "넌 뭔가 우리랑은 달라" 하는 얘기를 들으며 살았음에도 불구하고 한국인 부모님 밑에서 자라며 몸에 밴 문화는 쉽게 버릴 수 없었다. 나이 많은 직장 선배들이나 간부들과도 친밀하게 대화하고 토론하는, 굉장히 수평적인 회사 문화를 처음 접하고 주눅이 들었고 한편으론 부러웠다.

애널리스트를 시작하고 나서 나의 가장 큰 고민은 사람들 앞에 서서 발표하기가 불편하고 무서웠다는 것이다. 자신감이라면 늘 꼴찌였고 어디라도 앞에 서기만 하면 얼굴이 빨개지는 바람에 어찌할 바를 몰랐다. 초반에 일주일 동안 애널리스트 오리엔테이션 교육을 하면서 입사 동기들은 소소한 내용이라도 발표할 기회가 있을 때마다 서로 자진해서 앞에 나가곤 했다. 발표가 끝나면 꽤 직설적이고 솔직한 피드백을 받는데도 말이다. 그 당시 내 눈엔 그들이 참 용감하게 보였다. 좀 더 관찰해보니 다들 그런 트레이닝을 스스로 더 발전할 수 있는 기회로 삼아 연습하는 것이었다. 난 어쨌든 발표 공포증으로 인해 교육기간 내내 어떻게 해서든 발표하는 자리라면 무조건 숨어버리거나 빠져나왔고 그렇게 단 한 번의 발표도 없이 트레이닝을 마치게 되었다. 하지만 불안한 내 맘을 알고 놀리기라도 하듯 컨설팅이라는 직업은 사내 교육이나 네트워킹 행사 때, 그리고 클라이언트 프레젠테이션 때 등 앞에 서서 얘기해야 하는 상황을 너무나도 많이 마련해주었다.

그 공포증을 어떻게 극복할지가 가장 큰 고민거리였다. 불편한 일을 두고 숨어버리거나 피해버리는 방법은 가장 쉬운 길을 택하는 거나 다름없다는 생각이 들었다. 더 이상 숨지 않고 발표하고 피드백 받을 수 있는 기회를 이용하면서 공포증이 신기하게도 점점 사라져버렸다. 그 결과 500명이 넘는 회사 사람들이 함께한 연말 행사 때

중국에서 진행했던 프로젝트를 소개한 후 투표를 통해 '올해 최고의 프로젝트(best project of the year)'라는 상을 받았다. 내 생애 절대 잊을 수 없는 이벤트 중 하나였다.

또 한 가지 크게 다르다고 느낀 회사 문화는 만약 시간상, 경험상 혹은 지식이 부족해 어떤 업무를 못하게 되었을 경우 독일 사람들은 관리자에게 아무렇지 않게 "나, 이 업무는 못해요"라고 말한다는 것이다(물론 납득할 만한 이유가 있어야 한다). 이런 솔직한 표현은 약점이 잡혀 혼날 것 같지만 오히려 "알려줘서 고마워"라는 대답으로 돌아온다. 나중에야 그런 의사소통이 매니저가 프로젝트를 지휘 통솔하는 데도 더 도움이 된다는 걸 깨달았다. 리스크를 방지하고 데드라인을 지켜야 하는 관리자 입장에서는 투명한 반응을 통해 더 늦기 전에 그 작업을 수행할 수 있는 다른 팀원을 구하거나 다른 해결방안을 모색할 수 있기 때문이다.

데테콘과 액센추어의 회사 규모는 하늘과 땅 차이지만 둘 다 컨설팅이라 인재 관리의 중요성을 강조하고 인력 개발을 위해 제공하는 사내 자기계발 프로그램들이 많다는 공통점이 있었다. 쉽게 말해서 경력사원에게 무조건 '열심히 일해서 회사를 위해 좋은 성과를 세워야 한다'고 하기보다는 '개인의 자기계발에 힘써라'라는 메시지를 전달하고, 무수한 피드백을 통해 스스로 계발할 수 있는 기회를 제공한다. 바로 "너 왜 이거 잘못했어"가 아니라 "어떤 점을 고치면 더 잘할 수 있을까(what can you do better)" 하는 형식의 피드백을 준다. 개인의 강점과 약점, 특성에 맞춰 리더십을 개발하고 그로 인해 더 능력 있는 리더가 되면 그에 따라 성과도 좋아진다는 논리다.

따라서 입사하면서부터 자기관리에 신경을 쓰게 되고 의무감보다는 내재적 동기부여를 통해 프로젝트나 그 외에 성과 평가에 필요한 사내 활동들을 하도록 유도한다.

또한 신입사원이든 경력사원이든 출퇴근 스탬프 대신 스스로 자기 업무시간을 책임지는 '신뢰업무시간(Vertrauensarbeitszeit)'이라는 제도를 따른다. 인턴 때부터 세뇌당한 "Don't be busy, be smart(바쁘게 일하지 말고 스마트하게 일하라)"라는 말은 결과가 중요하지 무조건 회사에 오래 앉아 있는 바보 같은 짓은 하지 말라는 뜻이다.

심지어 인턴 때도 주어진 과제를 제출하면 퇴근 시간이 한참 남았음에도 "네 할 일 다 했으면 퇴근하고 친구 만나러 가라"는 얘기를 자주 들었다. 그래서 가장 어린 인턴이었지만 선배들을 두고 가장 먼저 퇴근하는 경우도 여러 번 있었다. 물론 컨설팅이 일반 회사보다 근무 시간이 길긴 하지만 그 누구도 눈치 보느라 집에 못 가고 사무실에 오래 앉아 있는 경우는 없었다. 클라이언트 미팅이 없는 날엔 사무실에 안 나가고 그냥 재택근무를 하기로 결정하는 것도 자신의 몫이다. 어떻게 보면 뭘 하든 자기 결정권이 굉장히 중요시되는데 난 그런 속박받지 않는 문화가 좋아 일이 많고 힘들어도 컨설팅 업계를 떠나지 못하고 있다.

다양성을 즐기는
컨설팅의 매력과 네트워킹의 힘

::

여러 나라에서 일하며 사는 꿈을 꾸고 있다면 글로벌 회사에서 일하기를 추천한다. 그중에서도 컨설팅을 적극 추천한다. 유명한 전략 컨설팅이나 경영, IT 컨설팅 회사들은 대부분 전 세계적으로 법인망을 구축하고 있으며 어차피 시작과 끝이 있는 프로젝트를 중심으로 하는 업무이기에 분야만 비슷하다면 회사 내에서 외국으로의 부서 이동(relocation)도 쉽기 때문이다.

나의 경우도 애널리스트를 시작한 지 1년쯤 지나서 영 컨설턴트(young consultant: 회사 소속 2년 미만 신입)에게 해외 법인에 가볼 수 있는 기회를 주는 교환 프로그램에 지원했다. 전에 다니던 데테콘인터내셔널은 유럽 이외에도 샌프란시스코, 요하네스버그, 두바이, 베이징, 방콕, 쿠알라룸푸르 등에 해외 법인이 있는데 난 그중에도 자동차 산업에 관심이 있어 베이징으로 가게 되었다. 3개월 계획으로 떠났다가 폭스바겐의 대형 카셰어링 프로젝트에 참여하게 되어 초기 계획과는 달리 베이징에서 고용 계약서를 주재원 계약서로 변경해 1년 반 동안 내 커리어에 있어 정말 소중한 시간을 보낼 수 있었다. 13개의 다양한 국적을 가진 70명의 프로젝트 맴버들과 일하며 클라이언트와도 친구가 되었다. 항상 영어 콤플렉스에 시달리곤 했는데 나보다 더 영어를 못하는 사람들이 자신 있게 대화하는 걸 보며 나도 자신감을 얻었다.

업무적으로 스타트업과 같은 분위기여서 일반 컨설팅에 비해 더 많은 결정권이 있었고 거의 클라이언트와 동등하게 프로젝트를 주도적으로 진행할 수 있었다. 물론 다양한 국적의 사람들이 모인 자리인지라 갈등이 없을 순 없었다. 회사 일을 시작할 때만 해도 자기주장, 논쟁 그리고 언쟁에 약했던 나는 이 1년 반의 기간을 통해 '논쟁의 퀸'이 되었다. 동료들 사이에선 본전치기도 안 될 것 같다는 생각이 들면 나와의 논쟁을 아예 시작도 하지 않으려 했다.

컨설팅을 추천하고 싶은 또 다른 이유는 짧은 시간에 많은 프로젝트와 여러 클라이언트의 회사 내부를 경험하게 되고 프로젝트마다 조직 내에서의 역할이 변함에 따라 여러 분야에서 다양한 실무를 경험하고 배울 수 있어서다. 그야말로 가파른 러닝커브(learning curve, 학습 곡선)를 끊임없이 겪게 된다.

심지어 한 직장동료는 "컨설팅을 시작하고 첫 3년은 고액의 월급을 받으며 인턴십을 한 것이나 다름없었어"라고 말했다. 그의 경우 첫 3년간 100% 똑같은 프로젝트는 한 번도 한 적이 없었지만, 3년이 지나니 프로젝트 간의 유사점이 눈에 띄기 시작했다고 한다. 그만큼 다양한 분야에 투입되기 때문에 컨설턴트라는 직업에는 뛰어난 적응력과 이해력 그리고 유연성이 요구된다. 프로젝트 첫날 설사 생소한 이야기를 들었다고 해도 일을 진행하려면 그날 밤을 새서라도 바로 이해하고 소화해야 하기 때문이다. 항상 처음 대면하는 사람과 업무와 문화 속에서 일하는 게 초기엔 힘들지 몰라도 익숙해지면 몰라보게 빨라진 적응력에 감사하는 마음을 갖게 될 것이다. 지금 어느 나라에 가도 큰 문화충격 없이 곧바로 적응하는 것도 컨설팅이라는 직업 덕분이 아닐까 짐작해본다.

커피 한잔 하는 시간이 값진 이유
::

컨설팅을 시작하면서 선배들에게 가장 자주 듣는 조언 중 하나가 바로 '네트워킹을 하라'는 것이었다. 하지만 아쉽게도 거의 모든 사람들이 네트워킹이 왜 중요한지는 알려주지 않았다. 컨설팅은 '피플즈 비즈니스'라고도 한다. 프로젝트의 성공을 좌우하는 것은 단순히 프로젝트를 계획대로 잘 수행하는 것뿐만 아니라 팀원 간은 물론이고 클라이언트와의 인간적인 관계 정립과 관리가 큰 비중을 차지한다는 얘기다. 컨설팅에는 대개 한 프로젝트를 마무리하면 다음에 진행할 프로젝트를 찾아주는 스태핑(Staffing)이라는 게 있지만 결국 네트워킹을 탄탄하게 세운 사람일수록 가시성(visibility)이 강해 네트워크 내 동료들이 "네 분야인 거 같아서 연락해보는데 혹시 이 프로젝트에 관심 있어?" 하며 다가오는 경우가 많다. 회사 내에서 내가 하는 전문 분야가 무엇인지 아는 사람이 많을수록 승진도 수월해진다. 그것이 흔히들 아무 이유 없이 "커피 한잔 할래?" 하며 만나는 카페 파우제(Kaffeepause, 커피 브레이크)의 배경이기도 하다.

생각해보면 나는 대학을 졸업한 이후로 첫 번째, 두 번째 그리고 세 번째 직장마저 지금까지 구축한 네트워크 안에 있던 대학 동기나 직장 동료 또는 직장 간부의 추천으로 들어갔다. 한국을 떠나 독일에서 대학을 마치고 전공분야와 다른 일을 하게 된다면 학연과 지연에 의존할 수 없기에 신뢰도가 높은 사람들로 구성된 네트워크는 더욱 중요해질 수밖에 없다.

나는 개인생활에서도 네트워크 관리하기를 좋아하는 편이다. 일부러 여행계획을 그렇게 짠 건 아니었지만 작년에 5개월간 세계일주를 하며 찾은 13개국 중 남태평양 피지, 뉴칼레도니아, 바누아투 세 섬을 제외한 모든 여행지에는 옛 친구나 동료, 또는 먼 친척들이 있었다. 몇 년 전 인도네시아 외딴 섬에 가서 알게 된 독일인 커플은 독일에 돌아와서도 친하게 지내다 결국 그들의 결혼식 증인까지 되었고, 또 얼마 전에 열흘간 떠난 태국 휴가 중에 공항에서 또는 방콕에서 우연히 만난 옛 동료와 지인만 세 명이다. 별것 아니지만 SNS를 통해 근처에 있다는 것을 알게 되면 잠시 만나 안부를 묻고 어떻게 사는지 커피 한잔 하며 대화를 나눈다. 우연을 가장한 이런 만남이 개인적인 삶이나 업무에 좋은 기회를 마련해줄지 모를 일이다. 다만 내가 필요한 것만 받아내는 것이 아니라 서로 도움이 되는 정보를 나누는 개념이 중요한 것 같다.

가벼운 대화(Small talk)에
익숙해져야 외국 생활이 편하다

::

새로운 언어 배우기를 좋아하고 스스로 언어 능력이 평균보다는 높다고 생각하는 편이지만 특히 업무적으로 만나는 독일 사람들을 보면 대부분 3~4개 언어는 기본이라 명함도 못 내미는 격이 된다. 글로벌한 대기업과 진행하는 컨설팅 프로젝트는 대부분 소통언어는 독일어, 프로젝트 문서작성은 영어로 진행한다. 회사에서 가끔 독일어는 못하고 영어로만 소통하는 외국인들이 있는데 독일은 그런 면에서는 워낙 배려하는 문화라 행사 때 50명 중 단 한 명이라도 독일어를 못하면 바로 영어로 전환한다. 따라서 일하는 데는 별 지장이 없다. 하지만 아무래도 친목을 다지는 데는 모국어인 독일어를 주로 쓰기 때문에 독일어를 못하는 동료들은 약간 소외되는 느낌이 없진 않다.

언어적인 문제와 언어와 긴밀히 연결된 문화적인 이유로 동양 3국(한국, 중국, 일본)의 사람들은 대체로 가벼운 대화(small talk)를 잘 못한다. 모국어가 아닌 언어로는 아무래도 말이 짧아지기 마련이다. 문화적인 차이도 무시할 수 없는데 예를 들어 안주 없는 독일의 음주문화는 한국 사람의 눈에는 신기할 따름이다. 다들 맥주 한 병이나 와인 한 잔 들고 저녁부터 새벽까지 얘기만 하는 파티는 또 어떤가. 외국에서 살아본 사람이라면 누구나 이런 어색하고 당황스런 상황을

나는
해외에서
먹고산다

경험해봤을 것이다.

대학 때의 첫 파티가 기억난다. 캠퍼스 근처에 있는 건물에서 열린 파티에 이제 막 알게 된 과 친구를 따라갔다. 다들 손에 맥주 한 병을 들고 서서 춤도 추고 곁에 서서 끊임없이 얘기도 했다. 대화 파트너도 수시로 바뀌었다. 난 구석에 서서 다가오는 애들 질문을 하나둘 그냥 되받아치면서 저녁 내내 '쟤들도 대부분 다 초면인 거 같은데 처음 만난 사람과 무슨 할 얘기가 저렇게 많을까' 궁금해 했다. 친한 독일 친구들이 생길 때까지 2년 정도는 그렇게 어색하게 지내다가 적응기가 지나고 나니 어느새 나불나불 스몰톡을 하고 있는 나를 발견하게 됐다. 다들 무슨 얘기를 그렇게 하는지 궁금해 하는 독자들을 위해 대화의 팁 몇 가지만 소개한다.

일단 상대방의 눈에 비친 동양인에 대한 선입견(?)에서 시작해보자. 궁금해서 독일 친구들에게 물었다. "만약 동양인에게 선뜻 다가가지 못하는 이유가 있다면, 뭐야?" 대답은 간단했다. "대화를 시작하면 서로 말을 주고받아야 하는데, 나만 주도적으로 대화를 진행해야 되니까. 그렇게 하지 않으면 대화가 2분도 채 지나지 않아 끝나버리잖아."

한국 사람의 입장에서는 초면에 도무지 무슨 얘기를 해야 할지 난감한 상황일 것이다. 가벼운 대화는 상대에 대한 관심으로부터 시작된다. 예를 들어 친구 파티에 초대받았는데 거의 다 모르는 사람이라고 치자. 그럼 앉는 자리에 따라 또 분위기에 따라 어느 한 사람이

랑 혹은 여러 명이랑 마주할 상황이 생길 것이다. 그러면 일단 상대에게 관심을 가져보자. 저 사람은 뭐하는 사람이지? 초대한 친구와는 무슨 관계일까? 회사 동료인가? 대학 동기인가? 동네 친구인가? 어디 살까? 고향은 어딜까? 직업은 뭐지? 그런 관심을 갖다 보면 자연스럽게 대화에서 또 궁금한 게 생긴다. '여행을 좋아한다는데 여행은 어디를 다녀왔어? 어디가 제일 좋았어? 아, 그 회사에서 일해? 내 친구도 거기서 일하는데 혹시 걔 알아? 거기 분위기는 어때? 네가 하는 일은 뭐야?' 그러면서 공통의 화제를 찾았다면 내 얘기도 자연스럽게 나온다. '나도 그 나라 가봤는데, 가서 이런저런 걸 봤어. 난 외국에 이런저런 이유로 오게 됐고 이런저런 일을 하고 있어. 도착해서 이런 게 가장 힘들었고 생소했어. 내가 겪는 가장 큰 문화 차이는 이런 거야. 우리나라에선 이렇게 저렇게 하거든(특히 외국인들은 이런 얘기에 관심이 많다).'

　그렇게 얘기하다가 만약 서로 호감을 느끼고 관심사가 비슷해 얘기가 무르익으면 언제 한번 시간 되면 커피 한잔 하자고 자연스럽게 얘기할 수 있을 것이다. 만약 친하지는 않지만 여러 번 본 사람이라면, '요즘 어떻게 지내? 지난번 얘기했던 프로젝트는 어떻게 진행됐어?' 이렇게 대화를 진행할 수 있을 것 같다. 물론 나도 모든 사람과 초면에 바로 통하는 건 아니다. 별로 얘기 나누고 싶지 않은 사람들도 있다. 하지만 다양한 사람들을 많이 만나는 직업인 컨설팅은 이런 면에서 도움이 많이 됐다. 그냥 모르는 사람이라도 별로 어색하지 않으니까.

물론 역효과도 있다. 짧은 일정으로 고국을 방문하면 여러 친구들을 다 만나고 싶은데 일일이 만날 시간은 안 돼서 아쉬운 적이 한두 번이 아니었다. 그래서 '그냥 다 같이 만나서 재밌게 놀면 되겠다' 하는 생각으로 한날 한꺼번에 만남을 진행했다가 부담스러워서 약속을 취소하거나 어색함에 따로 무리지어서로 말을 섞지 않는 친구들을 보고 역 문화충격을 받은 적이 있다.

저녁에 심심한 나라,
영혼이 자유로운 나라

:::

독일을 네덜란드, 프랑스, 이탈리아, 스페인 등 다른 유럽 국가들과 비교하면 삶의 질이 꽤 높다고 할 수 있다. 경제나 물가가 안정적이어서 프랑스나 영국과 비교하면 같은 생활비로 훨씬 질 좋은 음식과 제품들을 살 수 있다. 이탈리아나 스페인에 비해 실업률도 낮고 사회 전반적으로 살기에 안정적인 나라다. 나아가 사회 복지정책이나 의료보험, 연금제도가 잘 보장되어 있어서 세금을 많이 내도 별로 억울하다는 생각이 들지 않는다.

회사원으로서 가장 좋은 점이라면 1년에 공휴일(뮌헨이 속한 바이에른주는 13일)을 제외하고 낼 수 있는 휴가가 기본 30일이라는 점 (근속 연수가 늘어날수록 휴가 일수도 늘어난다)! 43일이면 거의 연중 9주간 쉬는 셈이다. 자녀가 있는 가정은 주로 여름방학과 겨울방학을 이용해 긴 휴가를 내는 편이다. 나 같은 딩크(DINK, double income no kids)족은 수시로 일주일 휴가를 내거나 3~6주간의 긴 휴가를 낸다. 그동안 내 업무를 대신할 대리인 제도가 있기 때문에 업무에 신경을 안 쓰고 재충전할 수 있는 값진 시간이다. 대기업의 자회사인 데테콘은 복리후생제도가 특히 잘되어 있어서 작년에 매월 월급의 30%를 받아가며 6개월간의 안식년(sabbatical)을 이용해 세계여행도 다녀올 수 있었다.

보통 갓 독일에 온 한국 사람들은 대부분 '저녁시간이 심심한 나라'라고 한다. 그만큼 회사원들에게 회식은 자주 있어봤자 한 달에 한 번 정도이고 저녁시간을 대부분 가족이나 친구들과 보내거나 개인 취미나 자기계발에 쓸 수 있다. 어떤 면에서는 회식과 음주가무를 즐기는 한국 문화와는 대조적인 분위기다.

그런 환경에 적응하지 못하고 불만족스러운 생활을 하는 이민자들을 본 적도 있다. 그 나라 언어에 능숙하지 못한 데다 현지 친구들도 만들지 않아 한국 사람들하고만 소통하며 지내니 다람쥐 쳇바퀴처럼 언어가 늘지 않는 것이다. 또 딱히 먹고 마시는 것 말고는 취미생활을 즐길 줄도 모르니 현지인들과 멀어지게 되면서 점점 소외감을 느끼고 불만만 늘어나는 것이다. 그렇다고 한국으로 돌아가자니 독일에서 지원받던 많은 혜택들이 아쉬워 그러지도 못하는 모습을 보며 참 안타까웠다. 열린 마인드로 외국문화에 관심을 가지고 그들과 문화를 수용해야겠다는, 혹은 나도 그 사회의 일원이 되어야겠다는 자세를 가지지 않는다면 외국생활이 힘들 수밖에 없고 만족스럽지 못할 것이라는 말을 조심스레 전하고 싶다.

외국생활의 모든 것이 수월하고 한국보다 나은 것은 아니다. 여기서 오래 살았지만 서양 사람들과 비교하면 여전히 부족한 자신감 때문에 자괴감을 느끼고 어떻게든 해결해보려는 스스로와의 싸움에 지칠 때도 많다.

15년째 독일에서 계속 살고 싶은 이유를 꼽으라면 '남을 의식해서 의무적으로 해야 하는 게 없는 영혼이 자유로운 나라이기 때문'이라고 말하고 싶다. 남의 시선과 평가에서 벗어나 온전히 자기 자신에게 집중하고 자기 인생의 본질이 무엇인지 생각해볼 수 있는 여유가 있는 나라다. 남이 정해주는 성공의 기준이 아니라 내가 정한 성공의 기준이 무엇인지, 행복의 기준이 무엇인지 알아가고 그것을 이루어 나가기 위한 시간이 충분히 주어지는 곳인 것 같다.

진정 내가 하고 싶은 일이 무엇인지를 고민하며 외국생활을 고려하고 있는 분들에게 이 글이 조금이나마 영감이 되었길 바란다.

HongKong

유아란(홍콩)

- (현) 프루덴셜 홍콩, 혁신부
- KPMG 홍콩, 경영 컨설팅
- AXA 아시아 지역 사무국(Asia Regional Office) 고객 운영부
- ING 생명 계약심사부 및 프로젝트 관리부

문은 두드려야 열린다

홍콩, 우연히 찾은 기회의 나라

다양한 경험을 원한다면
망설이지 말고 해외취업

::

초등학교 4학년 때, 당시 'People'이 무슨 뜻인지도 모르던 나는 선생님께서 소리 나는 대로 적어주신 대본을 외워 영어 말하기 경시대회에 나갔다. 그 일을 계기로 영어에 입문하면서 펜팔 친구들을 사귀었는데 내 나라 밖의 누군가와 의사소통을 할 수 있다는 사실이 영어 학습에 강한 동기를 주었다. 쓸모와 재미를 모두 갖춘 영어는 나에게 시험 과목 이상의 의미였다.

수능의 수학 점수가 좋지 않아 약대 입학이 어려워졌을 때도 영어 시험을 잘 본 덕분에 특기생으로 인천대학교 동북아국제통상 대학에 진학할 수 있었다. 학부에서 선택할 수 있는 전공은 중국, 일본, 미국, 러시아 통상이었고, 그중에서 중국 통상을 선택했다. 첫 학기 초반에는 미련이 남아서 재수를 할까 고민했었는데 장학금에 4년 기숙사 생활, 1년 해외 유학 등 학교에서 제공하는 혜택이 너무나도 매력적이었다. 내가 재수를 해서 약대에 간다는 보장도 없고, 정말 약학이 좋아서 약대를 결심한 것도 아니었기 때문에 의사결정을 내리는 게 어렵지는 않았다. 덕분에 중국어도 배우고 상하이에서 견문을 넓히는 기회도 얻었으니 지금 생각해도 결코 후회 없는 선택이었다.

유학 중이던 어느 날, 신문에서 중국 보험시장의 전망을 낙관하는 기사를 읽었고, 그때부터 보험 산업에 관심을 갖기 시작했다. 귀국 후에는 학부에서 해외시장 조사 탐방을 지원해줘서 상하이에 소재한 은행 및 보험회사와 대학교 보험학과를 방문했다. 그 덕분에 중국 보험시장에 대한 이해를 넓히고 실태를 파악하는 데 굉장한 도움을 받았다.

졸업 전에 기업 인턴십을 해보고 싶었는데, 그러던 중 ING 생명보험 회사에서 대학생을 대상으로 주최한 워크숍에 참가했고, 그 경험은 나의 첫 인턴십과 첫 직장생활로 자연스럽게 이어졌다. ING는 네덜란드계 보험회사였기 때문에 사내에는 외국인 동료들이 몇 명 있었다. 그중 한 명이 홍콩 오피스에 단기 프로젝트 애널리스트 자리가 있다는 정보를 줬고, 약간의 망설임 끝에 지원한 결과 채용됐다. 프로젝트 전반을 관리하는 조직은 아시아 전체 비즈니스를 관리하는 홍콩 오피스에 있었지만 실제로 프로젝트를 진행하는 나라는 말레이시아였기 때문에 파견지는 홍콩이 아닌 쿠알라룸푸르였다.

새로운 환경에서 새로운 역할로 업무를 할 수 있었던 것도 귀한 경험이었지만 무엇보다도 동남아시아, 이슬람 문화권에 대한 관심과 이해를 높일 수 있는 의미있는 시간이었다. 이 업무 경력을 바탕으로 귀국 후에는 프로젝트 관리자로 직무를 전향했다. 몇 개의 큰 프로젝트를 잘 마치고 휴가차 홍콩을 방문했을 때 과거 ING 홍콩 오피스에 근무하던 상사와 저녁식사를 했는데, 그 자리에서 뜻밖에 채용 제안을 받았다. 그 때가 2014년 4월이었고, 같은 해 8월부터 홍콩에서 근무하기 시작했다.

30년이 좀 넘는 인생을 우연의 연속으로 풀이하자니 내 의지로 살아온 게 맞나 싶기도 하고, 해외취업의 비법을 기대하고 책장을 펼쳤을 독자에게 죄송한 마음까지 든다. 하지만 정말 인생은 매 순간 나를 선택의 기로에 세웠고 내 인생의 모토에 따라 선택을 기회라고 믿고 끌어안았을 뿐이다. 물론 그 선택이 옳았다고 증명하는 과정은 오롯이 내 몫이었지만 말이다.

일단 지원해라
::

작년 여름 공항에서 시내로 들어오는 버스에서 홍콩으로 여행 온 두 여대생을 만났다. 두 사람은 처음에는 어떤 장소에 이르는 교통편을 묻다가 이내 나에게 어떻게 홍콩으로 이직했는지, 이곳 생활은 어떤지 궁금해 했다. 질문에 대한 대답의 말미에 두 친구에게 말했다. "일단 지원해라! 복권도 사야 당첨을 기대할 수 있듯 해외취업도 마찬가지다. 그리고 어떤 목표를 이루려면 그 목표를 이미 달성했거나 나와 같이 그 목표를 향해 달리고 있는 사람들을 곁에 두라." 조금 거창하게 말하면 적극적으로 본인의 환경을 창조하라는 얘기다. 그래야 관련 정보를 쉽고 빠르게 얻을 수 있고, 정신적으로도 더 즐겁고 건강하게 목표에 다가갈 수 있다.

이제 앞에서 소개했던 나의 경험들을 중심으로 독자 여러분에게 제안하고 싶은 이야기와 홍콩에서의 나의 일상을 나누려고 한다. 그 이야기들이 독자 여러분에게도 우연을 가장한 기회를 포착하는 계기가 되었으면 좋겠다.

나는 왜 해외취업을 원하는가
::

이 질문에 답변을 할 수 있는지 여부는 어쩌면 해외취업의 성패 자체에는 큰 영향을 끼치지 않을지도 모른다. 하지만 여러분은 그 이유를 반드시 고민해보기를 권한다.

첫 번째 이유는 생각하는 대로 사는 것과 사는 대로 생각하는 것 사이에는 분명한 차이가 있기 때문이다. 본인이 삶을 대하는 태도에 따라 전자든 후자든 어느 쪽이라도 정답이 될 수 있다. 하지만 적어도 자기 인생의 주도권 혹은 주인 의식의 무게는 전자가 조금 더 무겁지 않을까. 앞서 여러 차례 긍정적인 우연을 경험했었다고 말했는데, 물론 운좋게 기회를 자주 맞이한 것은 사실이지만 내가 평소에 어떤 일이든 도전조차 하지 않았다면, 혹은 해외에서 살아보고 싶다는 생각조차 하지 않았다면 결과는 다르지 않았을까 싶다. 어떤 일에 관심이 생기면 의식적으로든 무의식적으로든 사물을 보는 눈이 바뀌고, 귀 기울이는 정보의 종류가 달라지고, 내가 노출되는 환경이나 교류하는 사람들도 자연스럽게 변하기 때문이다.

두 번째 이유는 해외취업에 성공하든 실패하든 그 이후를 계획할 때 길잡이가 필요하기 때문이다. 적금을 들 때 막연히 돈을 모으는 게 목표인 사람은 만기에 그 종잣돈을 애꿎은 데 쓰는 경우가 많다고 한다. 해외취업 자체가 목표라면, 그 목표를 이루고 난 직후에는 굉장히 기쁘겠지만 그 다음 목표가 없다면 얼마 후 공허함을 느끼게 될지도 모른다. 현실적으로 한국 직장에서 고민했던 일들이 해외취업과 동시에 전부 해소되는 건 아니다. 혹시라도 해외취업을 현실 도피의 수단으로 삼고 있다면 본인의 기대 수준을 미리 조절하기 바란다.

반대로 해외취업에 실패했다면, 실망하는 데 드는 시간을 최소화하고 한 번 더 도전할지 아니면 해외취업을 목표로 삼았던 본연의 이유에 부합하는 또 다른 도전 과제를 정할지 과감하게 결정 내리는 것이 좋다. 왜 해외취업을 하려고 하는가에 대한 고민은 그런 결단을 내리는 데 길잡이가 된다.

　나는 인생의 마지막 순간에 내가 경험했던 일들을 되새기느라 바빠서 슬플 겨를이 없는 사람이었으면 좋겠다. 내 인생의 모토는 '다양한 경험'이다. 홍콩으로의 이직을 제안받았을 때 오래 고민하지 않았던 이유, 이따금씩 찾아오는 홍콩 생활에 대한 불만을 누르고 여전히 여기에 살고 있는 이유, 근래에 이직을 준비할 때 홍콩 잔류도 고려했던 이유. 모두 이곳에서의 시간이 내 삶을 조금 더 다채롭게 해주리라는 기대와 믿음 때문이었다.

　만약 4년 전 외국으로 이직을 하지 않았다면 어땠을까? 그랬더라도 난 한국에서 내가 할 수 있는 경험들에 집중했을 것이다. 독자 여러분도 해외취업 자체를 궁극적인 목표로 삼지는 말기 바란다.

오늘 성실하게 살아야
내일 기회를 잡는다

::

　기회는 언제 어떻게 찾아올지 모른다. 마찬가지로 오늘의 과오가 내일 어떤 형태로 내게 값을 물릴지도 모를 일이다. 오늘 하루를 성실하고 바르게 보내야 더 밝은 내일을 기대할 수 있음을 기억하자.

　먼저 현재 곁에 있는 사람들에게 잘하자. 세상은 굉장히 넓은 것처럼 보이지만 살다보면 좁아서 정말이지 생각지도 못한 사람들과 인연을 맺고 도움을 주고받는 일이 허다하다. 물론 반대의 경우도 있다. 해외취업은 아니었지만 나의 지인이 채용을 코앞에 두고 평판 조회(Reference Check) 때문에 고배를 마신 경우를 보았다. 흔한 일은 아니지만 분명 누구에게나 일어날 수 있는 일이다.

몇 달 전 내가 관심 있는 회사에 재직 중인 분의 지인을 통해 사내 추천을 받았고, 덕분에 빠른 시일 안에 인터뷰 초대를 받았다(직접 이력서를 제출할 경우 모든 회사가 검토 결과를 공지하는 것도 아닐 뿐더러, 일반적으로 인터뷰에 초대되기까지 걸리는 시간도 상당히 길어서 수시로 메일을 확인해야 하는 번거로움을 겪어야 한다). 나와 내 지인의 관계가 호의적이지 않았다면 그런 기회를 가질 수는 없었을 것이다. 또 다른 회사 인터뷰를 준비하던 중에는 올해 초 어느 핀테크(FinTech, Finance와 Technology의 합성어) 이벤트에서 연락처를 교환했던 사람이 내가 인터뷰를 볼 회사로 이직했다는 사실을 알게 됐다. 그 사람 덕분에 인터뷰 전에 회사에 대한 이해를 높일 수 있었다.

여섯 다리만 건너면 지구상 모든 이들과 아는 사이가 된다고 한다. 평소에 내 주변 사람들을 존중하고 존경하는 자세를 취하자. 그리고 도움을 요청하기를 겁내지 말자. 생각보다 우리 주변에는 나와 비슷한 고민을 하는 사람도 많고, 타인을 돕고자 하는 사람들이나 기관도 많다. 필요할 땐 혼자 앓지 말고, 적극적으로 도움을 요청하자. 과거 인턴 오퍼를 받았을 당시 나는 밴쿠버에 있었는데, 인턴 합격 소식을 듣고 나서 했던 준비 작업 중 하나는 바로 그곳에 소재한 보험사를 방문해보는 것이었다. 방법은 정확히 기억나지 않지만 나는 어찌어찌 보험회사에 근무하는 매니저나 디렉터에게 방문 요청 메일을 쓰고 실제로 몇 사람을 만나보았었다. 나이가 들수록 점점 누군가에게 부탁하는 게 쉽지 않다는 것을 느낀다. 하지만 그때를 생각하면서 나 역시 더 용기를 내야 할 것 같다. 반대로 누군가 본인에게 도움을 요청한다면, 그 사람이 그 말을 꺼내기까지 얼마나 고민했을지 충분히 공감해주고 가능하다면 선의를 베풀자.

만약 이 책을 읽고 있는 독자가 아직 대학생이라면, 관심 있는 기업에서 주최하는 공모전이나 워크숍에 적극 참여하라고 조언하고 싶다. 학교에서 책으로 배운 바를 직접 실습할 수 있는 기회일 뿐만 아니라 미래에 다니게 될지도 모르는 회사의 문화를 경험하고, 동료나 상사가 될 사람과 미리 만나볼 수 있는 기회도 마련할 수 있기 때문이다.

인턴을 하게 된다면 가급적 시작과 끝이 분명한 프로젝트를 맡아서 스스로 결과물을 내고 인턴십을 마치는 게 가장 이상적이라고 생각한다. 그렇지 않으면 수박 겉핥기 수준에서 그칠 수 있기 때문이다. 회사가 마음에 들었다면 적극적으로 입사 의사를 밝히고, 인턴십을 하는 동안 알게 된 회사 관계자들에게(특히 본인이 멘토로 삼고 싶은 사람에게) 종종 안부인사라도 하는 것이 좋다.

다음으로 지금 하고 있는 일에 최선을 다하자. 기회는 준비된 자에게 찾아온다는 말은 분명 진리다. 지원 대상 직무를 수행할 때 필요한 지식을 쌓는 것은 물론이고, 취업하고자 하는 국가의 문화(언어 포함)를 적극적으로 배우려는 열린 자세도 필요하다. 내가 지금 하고 있는 일이 언젠가 어떤 형태로든 도움이 될 수 있다는 점을 믿고 맡은 일을 열심히 하자.

무엇보다 무슨 일을 하든지 절대로 변하지 않는 한 가지 사실은 쉬지 않고 흐르는 시간이 바로 '나의 시간'이라는 점이다. 시간을 소중하게 써야 하는 데 이것만 한 이유가 또 있을까?

반대로 내가 하는 일이 나의 가치관과 부합하지 않거나 나의 성장에 도움이 안 될 것 같거나 나를 결코 행복하게 해줄 수 없을 것 같다는 생각이 든다면, 그 흐름에서 벗어나 과감히 새로운 도전을 시작할 용기도 필요한 것 같다. 어떤 상황에 처해 있을 때 우리는 마치 그 세계가 전부인 것 같은 착각에 빠지는데, 막상 시선을 조금만 돌리면 그곳에는 또 다른 세계가 있고 수많은 기회가 있음을 깨닫게 된다. 'Shape up or ship out(제대로 하지 않을 거라면 그만둬라).' 일단 무언가 시작했고, 어떤 어려움이 있더라도 그 일을 해내고 싶은 욕심이 생긴다면 제대로 해내자. 그게 아니라면 툭툭 털어버리고 다른 일을 찾아서 최선을 다하면 그만이다.

해외취업을 위해
지금 당장 할 수 있는 일

::

나를 포함한 내 지인들의 경우를 보면 외국계 회사의 한국 지사에서 근무하다가 해외로 파견됐거나 해외에서 근무하는 지인의 사내추천을 통해 그 회사에 입사한 사례가 많다. 실제로 두 가지 경로가 성공률도 높고, 상대적으로 시간과 노력도 적게 든다. 만약 본인이 어느 쪽에도 속하지 않는다면 당장 링크드인 계정부터 만들자. 페이스북 같은 사적인 공간이 아니라 전문적인 네트워크를 형성하고, 취업의 가능성을 염두에 두고 나를 알리는 공적인 공간이다. 단정한 모습의 상반신 사진을 프로필 사진으로 사용하고, 영문 혹은 취업 희망 국가의 언어로 본인을 소개하는 글을 작성하자. 링크드인을 통해 바로 타깃 회사에 입사 지원이 가능할 뿐만 아니라 일부 회사는 링크드인 링크를 CV 대신 제출하는 것을 허용하기도 한다. 따라서 본인의 링크드인 프로필 작성에 충분한 시간과 노력을 기울일 가치가 있다. 링크드인에 관심 회사 및 직군을 등록하면 채용 기회가 생겼을 때 알람을 받을 수 있으니 이 기능도 활용하자.

홍콩은 한국보다 헤드헌터들의 활동이 활발하다. 링크드인은 헤드헌터들에게 본인을 알릴 수 있는 효과적인 수단이기도 하다. 몇 달 전 타사의 인사부 직원으로부터 연락을 받은 적이 있는데, 그가 나를 알게 된 경위도 링크드인을 통해서였다. 이미 그 회사나 비슷한 직군에 종사하는 사람들과 네트워크를 형성할 때도 링크드인은 굉장히 유용하다. 더불어 희망하는 회사나 직군에 이미 근무하는 사람들의 프로필을 통해 내가 보충해야 할 능력이나 경력은 무엇인지도 엿볼 수 있다. 미루지 말고 오늘 당장 계정부터 만들자.

한국에는 학생 및 직장인들을 위한 온·오프라인 모임이 많다. 적극적으로 해외취업을 위해 형성된 모임을 찾아보고 가입하자. 앞서 말했듯 해외취업이 끝이 아니다. 그 이후에도 우리는 계속 성장해야 하고, 그러기 위해서는 자신과 함께 꿈을 공유하고, 키우고, 지속적으로 자극을 주고받을 수 있는 사람들이 필요하다. 내 경험에 비춰보면 그런 조직은 한국에서 찾는 게 더 수월했다. 한국인만큼 자기계발에 적극적이고 열정적인 사람들이 또 있을까? 자신이 어울리고 싶은 사람들, 자신이 도움을 주고받을 수 있는 사람들을 가까이 두고, 그 관계를 유지하기 위해 노력하자.

직장인으로서 바라본 홍콩

::

홍콩에는 외국인이 정말 많다(2016년 통계에 따르면 한국과 홍콩의 외국인 비중은 각각 4%, 8% 정도 된다고 한다). 그렇다 보니 체험할 수 있는 다양한 인종, 언어, 음식, 행사 등이 굉장히 다양하다.

지금까지 홍콩에서 다국적 기업 두 곳을 경험했다. 첫 번째 회사

나 는
해 외 에 서
먹 고 산 다

는 프랑스계 회사여서 프랑스인이 상대적으로 많았다. 두 번째 회사는 해외 순환 업무를 장려하는 기업 문화 덕분에 영국, 프랑스, 이탈리아 등 유럽의 다수 국가뿐만 아니라 중국에서 온 동료들이 주를 이뤘다. 다양한 배경을 가진 사람들과 어울리다 보면 종종 한국에서는 겪어보지 못했던 일을 경험한다. 예를 들면 회의 전후에 시간적 여유가 있다면 직급을 막론하고 직접 회의실을 정리 정돈한다. 실수를 저지른 사람이 상사 본인이라면, 대상이 부하직원이더라도 정중히 사과하는 모습도 볼 수 있다. 이 둘은 사실 그 사람의 문화적 배경이나 개인적 성향에서 비롯된 차이일 수도 있지만, 상대적으로 상하 관계가 더 분명하고 직급에 따라 하는 일과 하지 않은 일의 경계가 명확한 한국에서는 보기 힘든 것 같다.

반면 외국인이라고 해서 한국인보다 더 매너 있고 부하직원과 늘 허물없이 지낼까? 그건 또 아닌 것 같다. 정도의 차이는 있겠으나 내 경험에 따르면 국적을 불문하고 대부분의 상사는 인간적인 예우 이상의 대우를 받기 원하고 기대한다. 최근에 다시 깨달은 한국과 홍콩 직장의 가장 큰 공통점은 인종이나 직급에 상관없이 자아실현, 상대로부터의 애정 및 인정에 대한 기본적인 욕구를 가지고 있다는 것이다. 상식에 기초해서 타인을 대하면 문화가 아무리 다르더라도 큰 충돌은 피할 수 있다.

다음으로 해피아워(Happy Hour)를 소개하고 싶다. 퇴근 시간 무렵부터 이른 저녁까지 이어지는 이 활동을 통해 사람들은 동료들과 한잔 하면서 개인적인 친분을 쌓기도 하고, 모르는 사람들과 자연스럽게 네트워크를 형성하기도 한다. 홍콩에 들를 기회가 생긴다면 오후 5~6시쯤 식당이나 바에서 해피아워를 경험해보기 바란다. 그곳에서 만난 사람을 통해 홍콩에서 외국인 노동자로서의 삶은 어떤지 엿볼 수 있고, 운이 좋다면 홍콩으로의 취업을 앞당기는 계기를 만들 수도 있지 않을까?

홍콩에서 외국인으로 산다는 것

::

홍콩에서 누군가를 처음 만나면 고정적으로 받는 질문이 몇 가지 있다. 어느 나라에서 왔나요?(아주 가끔이지만 남한이요, 북한이요? 라고 묻는 사람도 있다.) 홍콩에는 어떻게 오게 되었나요? 홍콩에서 사는 건 어떤가요?

첫 두 질문은 사실을 말하면 되니까 간단한데, 마지막 질문은 언제 들어도 뭐라고 답해야 할지 고민된다. 서울이 고향이 아니라서 그런지 나에게 홍콩은 서울처럼 이따금씩 나 자신이 이방인임을 일깨워주는 크고 작은 일들이 지속적으로 일어나는 복잡한 도시다. 기본적으로 그 생각은 여전히 변함이 없다. 홍콩이나 서울이나 사람 사는 곳은 다 거기서 거기라는 것을 느꼈기 때문이다. 홍콩에서 근무한 뒤 2016년에 반 년간 방콕으로 단기 업무를 다녀오고 나서 생각이 더욱 확고해졌다. 완전히 그 문화에 익숙해지지 않는 이상, 다른 어떤 나라를 가도 이 생각은 변하지 않을 것 같다.

다행히 그동안 겪었던 일들과 만났던 사람들을 떠올려보면, 홍콩은 참 살아볼 만한 도시라는 생각이 든다. 가끔 붐비는 식당에서 주인이 광동어로 언성을 높이면 나는 여전히 움츠러들고 순간 언짢아지기도 하지만, 그건 그냥 광동어의 특성이라고 믿는다. 어찌할 도리가 없지 않은가? 더운 날이 많은 나라이다 보니 에어컨 사용량이 많고, 그래서 건물 외벽에 붙어 있는 실외기에서 똑똑 떨어지는 물을 맞는 찜찜한 경험도 종종 한다. 여느 동남아시아 국가와 마찬가지로 바퀴벌레가 개미보다 흔한 것도 반갑지는 않다. 유쾌하지 않은 경험들은 딱 이 정도다. 모두 어찌할 도리가 없으니 그냥 익숙해지는 게 편하다. 그렇다면 그럼에도 불구하고 내가 홍콩을 살아볼 만한 도시라고 생각한 이유는 뭘까?

앞에서 이야기했듯이 다양한 인종이 섞여 사는 나라인 덕분에 곳곳에서 연중 특이한 행사들이 열리고, 다양한 음식도 쉽게 맛볼 수 있다. 특히나 홍콩섬에서는 어디를 가더라도 쉽게 다른 나라 음식점을 찾을 수 있어서 마치 커다란 이태원에 있는 느낌이다. 홍콩섬에 거주하는 한국인이 많을 뿐만 아니라, 중국인과 대만인 다음으로 홍콩에 가장 많이 방문하는 외국인도 한국인이어서인지 한국 식당도 많고, 한국 식재료도 구하기 쉽다. 가족 단위의 한국인들은 한국 국제학교가 있는 타이쿠(TaiKoo)에 많이 거주한다. 침사추이(Tsim Sha

Tsui)에는 킴벌리로드(Kimberley Road)가 있는데, 그곳에 가면 마치 리틀 코리아에 온 기분이 든다. 깻잎이 너무나 먹고 싶던 어느 날, 킴벌리로드에 가면 살 수 있다는 얘기를 들었을 때의 감동이란!

매해 비슷한 시기에 프랑스, 영국, 이탈리아 등의 나라에서 자국의 문화와 음식을 홍보하기 위해 큰 규모로 일주일 정도 축제를 연다. 이 또한 홍콩에서 짧게나마 다른 나라로 여행을 온 듯한 기분을 느낄 수 있는 기회다.

나는 그림이나 사진 전시회, 오케스트라 연주회에 종종 간다. 작가의 창의적인 시각과 사물에 대한 이해력에 감탄할 수밖에 없는 순간들과, 음악에 열중해서 악기를 온몸으로 연주하거나, 노래하는 예술가들을 만날 때면 인간에 대한 존경과 사랑이 마구 샘솟는다. 연주가 중에 홍콩 필하모니의 클라리넷 연주자 마이클 윌슨(Michael Wilson)은 내 우상이고, 매년 홍콩에서 자선 콘서트를 여는 필리핀 뮤지컬 가수 레아 살롱가(Lea Salonga)는 마음이 예쁘고 넉넉한 사람이다. 서울에도 좋은 전시회와 공연들이 연중 가득한데 유독 내가 홍콩에서 더 그런 경험을 많이 하는 건 아마도 나에게 허락되는 시간이 많아졌고, 그렇다 보니 마음의 여유가 생겼기 때문이다. 아마 한국에 있었다면 주말마다 경조사를 챙기느라 그런 여유를 누리지 못했을 것 같다.

홍콩섬의 센트럴(Central), 셩완(Sheung Wan), 사이잉푼(Sai Ying Pun) 지역에는 소규모 갤러리들이 밀집해 있다. 중국인 투자가들이 점점 늘어나서인지 요즘에는 특히 중국 작가들의 현대미술 작품들이 눈에 많이 띈다. 성완에는 PMQ라는 곳이 있는데, 인사동의 쌈지길과 굉장히 흡사하다.

도심 가까이에 산과 바다가 있어 반 시간 내에 자연으로 돌아갈 수 있다는 점도 홍콩의 큰 장점이다. 덕분에 평일 저녁 시간이나 주말에 산으로 하이킹을 가거나 바다로 놀러가는 무리들을 많이 볼 수 있다. 한번은 사이쿵이라는 섬으로 하이킹을 갔다가 산에서 캠핑하는 사람들, 큰 파도를 맞으며 서핑을 즐기는 사람들을 보며 나 역시 힐링되는 기분을 느꼈다. 도시 내에서도 공원을 쉽게 찾을 수 있다. 내가 가장 즐겨 찾는 공원은 애드머럴티(Admiralty)에 위치한 타말 공원(Tamar Park)이다. 주말 이른 아침이나 느지막한 오후에 그 공원을 찾으면 풀밭 위에서 요가를 수행하는 요기들을 볼 수 있다. 매트 하나 들고 가면 부담 없이 함께 요가를 연습할 수 있어 기분 전환에 도움이 된다.

실내 암벽 등반이나 트램폴린 같은 놀이를 즐길 수 있는 곳, 와인이나 맥주를 마시면서 그림을 그릴 수 있는 곳, Gym, 요가 스튜디오 등도 곳곳에 있다. 이렇듯 홍콩은 야경과 쇼핑 외에도 즐길 것이 참 많은 도시다.

계절의 흐름에 따라 날씨가 다양한 한국과 달리 홍콩은 더운 날, 아주 더운 날, 태풍 오는 날, 으슬으슬 추운 날로 1년을 설명할 수 있다. 지난 4년 동안 매해 최소 한 번은 태풍을 겪었는데, 그럴 때면 기상청에서 태풍의 강도를 발표한다. 시그널 8 경보가 발령되면 외출을 삼가야 하기 때문에 발령 시간이 출근 전이라면 출근을 하지 않아도 된다.

홍콩의 겨울은 한 달 반에서 두 달 정도 지속되는데, 차갑고 습한 공기 때문에 뼛속까지 시린 느낌이 든다. 바닥 난방시설 없이 라디에이터나 온풍기로 공기만 데우는 방식이라 찬바람이 불면 이불 속에서 고구마랑 제주도 감귤을 까먹으면서 TV를 보던 한국에서의 일상이 여간 그리워지는 게 아니다.

홍콩은 뉴욕, 도쿄, 싱가포르, 서울과 함께 물가가 비싸기로 악명 높은 도시다. 부동산 가격이 정말 말도 안 되게 높아서 월세는 비싼데 공간은 굉장히 협소하다. 나의 첫 보금자리는 완차이(Wan Chai)에 위치한 10평도 안 되는 원룸으로, 월세가 1만 1,500홍콩달러(약 160~170만 원)였다. 놀랍게도 지인들의 반응은 '어떻게 그렇게 저렴한 집을 구했느냐'였으니 홍콩 집세의 무시무시한 수준을 짐작하고도 남으리라. 월세가 이렇게 비싸다 보니 플랫 메이트(Flat mate, 집은 공유하되 방은 각자 따로 쓴다는 점에서 roommate와 차이가 있다)를 찾아서 집을 구하는 경우도 많다. 최소 1만 8,000홍콩달러 정도면 홍콩섬에 위치한 방 두 개짜리 집을 구할 수 있다. 비싼 월세 때문에 식당 음식도 일반적으로 고가인 편이고 의료비도 상당한 수준이다. 간단한 질병은 동네 병원에 가서 진찰을 받고 약을 처방받는데, 진료비만 300~500홍콩달러. 원화로 따지면 대략 5만~7만 원 정도 되는 금액이다. 애초에 병원에 갈 일이 생기지 않도록 항상 건강관리를 하는 게 최선이다.

여기서 짚고 넘어갈 부분이 있다. 이직을 고려하는 사람이라면 홍콩의 살인적인 물가 수준을 충분히 감안하여 연봉 협상 시 최선을 다하라는 것이다. 구직자 입장에서 돈을 가지고 협상하는 게 불편할 수는 있다. 채용이 어느 정도 확실시 되면 빨리 서명하고 기나긴 채용 프로세스를 종결시키고 싶은 마음도 들 것이다. 그러나 침착하자. 고용 계약도 엄연한 계약이며, 고용자와 피고용자는 서로의 필요에 의해 계약을 진행하는 법적 관계이기 때문에 회사와 본인을 갑과 을의 관계에 놓고 수동적으로 대응할 것이 아니라 처음부터 동등한 위치에서 합리적인 의사결정을 하고자 하는 자세를 취해야 한다.

인터뷰를 할 때도 인터뷰를 '당한다'고 생각하지 말고 본인 역시 회사를 인터뷰한다는 마음가짐(일반적으로 인터뷰 종료 전에 '우리 회사에 궁금한 사항이 있느냐'라는 질문을 받는다.)으로 여유를 가지고 인터뷰에 임하자.

일단 입사를 하고난 다음에는 연봉 협상을 하기가 더 어렵다. 누구라도 저절로 박수칠 정도의 눈부신 성과가 뒷받침되지 않는다면 아마 본인부터 그 얘기를 꺼내기 불편할 것이다. 물론 회사도 쉽게 납득하지 않을 테고 말이다.

대학을 갓 졸업한 사회 초년생의 평균 월급은 2017년 기준 1만 5,000홍콩달러 정도로 굉장히 낮다.(원화로 200만 원 수준이니 그다지 낮은 편이 아니라고 생각한다면, 바로 앞에서 언급한 월세액을 상기해보라.)

그래서 2~3년 주기로 회사를 옮기며 급여 인상을 꾀하는 경우가 흔하다. 첫 해에는 이런 배경지식이 없었던 터라 동료들의 잦은 퇴사 소식이 들릴 때마다 이해가 안 갔다. 한국에서는 아직도 10년, 20년 이상 같은 회사에 장기 근속하는 선배들이 많고 적어도 5년 이상은 지나야 근속 연수의 장단을 언급하는데, 홍콩은 3년만 지나도 꽤 오랫동안 근무한 축에 속하는 분위기다.

지인들 중에 홍콩에서 워킹맘으로 사는 한국분들이 여럿 있는데 그들에 따르면, 워킹맘으로 살기에는 홍콩이 한국보다 훨씬 편하다고 한다. 한국보다 저렴한 비용으로 동남아 출신의 도우미 아주머니를 고용할 수 있어 가사와 육아에 대한 부담을 덜 수 있기 때문이다. 본인의 커리어와 가정을 모두 지키고 싶다면 홍콩으로의 이직을 적극 추천한다.

외국에 살면서 느끼는 또 다른 장점은 오감이 더 예민해졌다는 점이다. 여행을 해본 사람이라면 분명 이 부분에 공감할 것이다. 여행객은 방문하는 도시를 더 샅샅이 살펴보고, 자연스럽게 본인의 도시와 비교하기 때문에 감흥도 잦은데, 막상 그 도시에서 사는 사람은 관심을 가지고 자신의 주변을 둘러볼 동기 자체가 부족한 것 같다. 현지인이라면 그냥 보고 지나칠 장면도 외국인 혹은 여행객이라서 한 번 더 돌아보는 것은 아닌가 싶다. 덕분에 관찰력이 좀 더 향상되었다고 말한다면 과장일까?

그동안 나는 직감에 따라 의사결정을 해왔고, 나 자신이 행운아일 것이라는 기대를 가지고 살았다. 내가 했던 일들을 디딤돌 삼아 다음으로 도약하고, 때로는 과거에 했던 일들이 마치 오늘을 미리 염두에 두고 계획했던 일인 양 스스로를 합리화한 적도 있다. 누구에게나 인생은 단 한 번 주어지고, 내 인생은 결코 어느 누구의 인생과 같을 수 없다. 이 책을 읽는 독자들 모두 자신감을 가지고 늘 도전하면서 스스로가 원하는 인생을 개척하며 살아가기를 바란다.

Netherlands

이혜선(네덜란드)

- (현) 이쁘 코스메틱스(Ippo Cosmetics) 대표
- 크라프트 하인즈(Kraft Heinz) 유럽법인 / LG 전자 베네룩스 지사
- ING 생명

최선을 다하면
행운은 따라온다
네덜란드에서 워킹맘으로 살기

두려워하지 말고 도전하자

::

국제결혼 후 네덜란드에서 산 지 어언 8년이 되어간다. 짧지 않은 시간 동안 네덜란드에서 살면서 생각보다 많은 일들을 어렵지 않게 경험해볼 수 있었다. 신입으로 시작해 경력직 취업, 그리고 창업에 이르기까지, 네덜란드에서 경력 관련으로 해볼 수 있는 일들은 거의 다 해본 것이나 다름없다.

최근 몇 년 사이 알게 된, 이곳에 이주한 한국 사람들을 만나면서 공통적으로 느꼈던 점이 있다. 의외로 많은 사람들이 네덜란드 근무를 희망하면서도 정보 부족으로 경력에 맞게 준비하지 못하거나 도전조차 못하는 경우가 많다는 사실이었다. 조금만 잘 준비하면 누구나 일할 수 있는 나라가 네덜란드이기에 그런 사람들을 마주칠 때마다 안타까웠고 늘 도움을 주고 싶었다. 이 글은 그런 안타까움에서 쓰게 되었다.

우리나라 사람들은 똑똑하다. 근면·성실하고 책임감이 강하다. 내 생각에 우리나라 사람들은 세계 어느 나라에 가도 경쟁력이 있다. 그런데 우리나라 사람들은 겁이 많다. 실패를 두려워하고 준비가 아주 충분히 되어 있지 않다고 생각하며 도전조차 하지 않는 경우가 많다. 해외취업은 누구나 할 수 있기 때문에 원한다면 두려워하지 말고 도전하라는 것이 내가 전하고 싶은 요지다.

해외취업이나 이주를 어디로 할까 고민 중이라면, 조금만 일해도 잘살 수 있고 아이들을 낳아 기르기에 좋은 네덜란드를 고려해보라고 말해주고 싶다.

글로벌 시민이 될 준비를 하다
::

어린 시절 아버지의 주재원 파견으로 4년 정도 칠레에서 살아본 적이 있다. 언니와 나는 사립 가톨릭 초등학교에 가게 되었는데 우리는 수백 명의 백인들 사이에 낀 유일한 아시아계 학생이었다. 스페인어를 잘 못하던 초기에는 전교생을 상대로 매일 전투하는 느낌이었다. 다행히 어린 나이라 금세 언어를 터득했고 학교생활도 잘 적응하여 신나게 다닐 수 있었다.

다시 한국으로 돌아가게 되었을 때 나는 한글이라곤 이름 석자 밖에 쓸 줄 몰랐고 '엄마 아빠' 말고는 할 줄 아는 말이 없었다. 한국 초등학교에 갔을 때 매일 또 전투하는 느낌이었다. 어린 나이었기에 또 금세 적응했고, 그렇게 나는 자연스럽게 칠레 생활을 잊어갔다.

내가 보통 한국 사람들과 다르다는 것은 아주 나중에야 알게 되었다. 대학 시절 무역을 전공하며 영어를 잘 못하는 자신이 부끄러워 캐나다 어학연수를 갔는데, 그곳에서 그 사실을 알게 되었다. 만나는 사람들마다 "너는 보통 한국 사람들하고 다르구나"라고 했다. 남미에서 어학연수 온 친구들은 나를 "스페인어 악센트 섞인 영어 쓰는 웃긴 한국 여자"라고 했다. 그제야 비로소 깨달았다. 내가 왜 한국에서 살았을 때 답답했었는지…. 나는 보통 한국 사람이 아니었던 것이다. 나는 여러 나라 문화가 섞인 글로벌 시민이 될 운명이었다.

캐나다에서 돌아온 후 해외취업에 관심을 가지게 되었다. 이리저리 알아보던 중 독일에서 인턴십을 하게 될 기회를 가졌다. 인턴 기간은 잘 끝냈지만, 정규직 전환은 쉽지 않았다. 다시 한국으로 돌아가 ING 생명보험에 들어가게 되었다. 그러다가 회사에서 한국에 프로젝트를 하러 온 네덜란드인 직장 동료를 알게 되었다. 우리는 금세 사랑에 빠졌고, 결혼을 약속했다.

결혼과 함께 네덜란드 이주를 준비하며 고민했다. 내가 네덜란드에 가서 무슨 일을 할 수 있을까? 당시 네덜란드에서 가서 담당했던

나는
해외에서
먹고산다

직무를 계속하려면 반드시 현지 언어가 필요했고 경력이라고 내세우기에 2년은 너무 짧았다. 고민 끝에 다시 공부를 하기로 결론 내리고 다니던 직장을 그만두고 미국 공인회계사 시험을 준비했다. 4과목 중 3과목에서 합격했을 때 네덜란드로 이주하게 되었다. 미국 공인회계사 시험 준비를 거의 끝낸 것과 네덜란드계 회사에서 근무한 경력이 구직 활동에 도움이 되었다. 몇 군데에서 입사 제안을 받았고 LG 전자에 들어갔다. 이 직장에서 1년 정도 근무하며 틈틈이 공부해서 미국 공인회계사 시험을 마무리했고, 크래프트 하인즈로 이직해 4년 정도 회계 부서에서 근무했다. 지금은 직장을 나와 개인 사업 중이다.

익숙한 곳이 아닌 새로운 곳에서 산다는 것은 쉬운 일이 아니다. 오픈 마인드, 현실적인 판단 감각 그리고 아주 많은 노력을 기울였을 때 비로소 성공적인 해외생활을 할 수 있다. 네덜란드에서의 생활, 출산, 구직, 창업 등 접하기 힘든 정보들을 최대한 객관적이고 자세하게 전달하고자 한다. 나의 크고 작은 노하우들이 독자들의 성공적인 네덜란드 정착에 도움이 될 수 있으면 좋겠다.

결혼으로 해외이주나 해외취업을 하게 되는 경우는 보통 사람들과는 준비 과정이 조금 다를 것이라 생각한다. 해외취업의 최대 걸림돌인 비자 문제가 자동적으로 해결되기 때문이다. 비자 문제를 제외하고는, 다른 사람들과 똑같이 오랜 시간 고민했고, 성공적인 커리어를 위해 노력했다. 그런 부분들을 여러분과 공유하고자 한다.

최선을 다하면
도와주는 사람을 만난다

∵

지난 몇 년간 일한 경험을 돌이켜봤을 때, 제일 잘한 점은 언제 어디서든 최선을 다했다는 것이다. 총 3군데의 대기업에서 일하면서 늘 부끄럽지 않게 열심히 했고, 인간관계도 좋았던 편이다. 열심히 일할 때 무엇이든 새로운 것을 배울 수 있었고, 힘든 일들은 힘든 대로 나를 더 단단하게 해줬다. 덕분에 어떤 일이 닥쳐도 해낼 수 있다는 자신감이 생겼다. 열심히 일하는 나의 모습을 좋게 봤는지 옛 직장 동료들에게 추천을 부탁하거나 고민 상담을 했을 때 그들은 나를 늘 도와주었다.

현재 해외이주를 꿈꾸더라도 지금 하는 일들이 쌓여서 미래의 커리어에 밑거름이 된다는 믿음을 가지는 것이 중요하다. 열심히만 한다고 다 되는 것은 아니다. 전략적으로 접근해야 하는 점은 분명히 있다. 제일 중요한 것은 자신의 적성을 알고 경력 향상을 위한 계획을 세우는 것이다. 예를 들어 본인의 적성이 세부적인 문서 작업이나 데이터 분석에 맞는데 계속 사람들과 대면하는 일만 한다면, 아무리 열심히 일해도 경력 개발에는 도움이 되지 않을 것이다. 다양한 업무들을 경험하며 본인이 잘하는 일, 해외취업 때 하고 싶은 일이 무엇인지를 파악하는 것이 중요하다.

본인이 하고자 하는 방향을 정했다면, 그 방향으로 최대한 업무 경력을 쌓는 것이 좋다. 예를 들어 나는 회사를 다니던 중에 결혼과 해외이주를 결심했고, 해외취업의 방향을 회계 업무 쪽으로 생각했다. 계획을 세운 즉시 주말에 회계 학원을 다니기 시작했고, 업무 중에 최대한 회계 관련 일을 하겠다고 어필했다. 일을 더하겠다고 자원하는 직원을 싫어하는 상사는 없다. 본인이 희망하는 방향으로 계속 어필하며, 최대한 자기의 업무 역량을 넓혀가는 것이 중요하다.

인간관계를 소홀히 하지 말 것을 당부하고 싶다. 해외에 와서도 과거의 인연들은 계속 이어진다. 언제 어디서 다시 이전에 알던 사람들을 만나게 될지 모른다. 나의 경우에는 지인들을 통해 인터뷰 기회를 얻은 경우가 수차례 있었으며, 다양한 지인들의 도움으로 구직 정보 등도 더 빨리 더 많이 접할 수 있었다. 구직뿐 아니라 해외생활에 정착하는 데도 주변의 네트워크가 필요한 순간들이 많이 찾아온다.

진심으로 사람들을 대하고 자기 위치에서 최선을 다하면, 해외취업의 기회가 왔을 때 남보다 빨리 그 기회를 잡을 수 있다.

영어는 입을 크게 벌려서 발음하자

::

해외취업에서 가장 큰 걸림돌은 단연 언어다. 다른 언어도 많지만 해외취업에서 가장 중요한 것은 영어라는 것은 모든 사람들이 동의할 것이다. 나의 경우 대학시절 무역학을 전공하며 영어의 중요성을 이미 알고 있던 터라 토익, 영어회화 등 안 다녀본 학원이 없을 정도로 투자를 많이 했다. 그리고 캐나다에서 1년간 어학연수를 했으니 영어 공부에 올인을 했다고 해도 과언이 아니다. 토익은 거의 만점에 가까웠고 영어회화도 곧잘 했지만, 그럼에도 불구하고, 영어로 회사에서 일하기는 정말 힘들었다. 왜냐하면 업무 관련 지식이나 업무 경험이 전혀 없었기 때문이다. 한글로 업무 관련 이메일을 적기도 힘든데 영어로 어떻게 적겠는가. 영어로 수다 떠는 건 정말 잘할 수 있었다. 영어회화 학원 다녀본 사람들은 알 것이다. 'What is your favorite movie?' 'What is your hobby?' 이런 영어는 업무에서는 아무런 소용이 없다.

그렇다면 어떻게 이 난관을 극복했는가? 다행히도 불가능한 것은 없다는 자신감과 자꾸 반복하면 실력이 늘 것이라는 확신이 있었다. 앞에서 언급했듯이 경력이 쌓이면 영어는 자동으로 해결되는 부분이 많다. 몇 마디만 알아들어도 금방 내용이 파악되기 때문이다. 만약 영어 기초가 전혀 없다면 지금부터라도 학원을 다닐 것을 추천한다. 동영상 강의 등은 비용이나 시간적인 면에서 효율적이지만 언어는 서로 상호 리액션을 통해 배우는 것이 가장 효율적이다. 선생님은 개개인의 실수를 고쳐줄 수 있지만 동영상 강의는 그런 부분을 도와줄 수 없다. 영어는 곧잘 하는 편이지만 비즈니스 영어를 활용한 경험이 없다면 비즈니스 영어 수업을 들어볼 것을 추천한다. 간단한 소

주제의 프레젠테이션이나 메일 작성 등을 연습해볼 수 있다.

이런 준비 과정을 통해 영어에 조금 자신감이 생겼다면 이제 현실에 적용할 차례다. 회사에서 다른 나라 클라이언트에게 영어로 이메일을 쓸 일이 생긴다면, 자원해서 한번 해보자. 영어가 네이티브인 동료에게 넘기지 말고 이 악물고 도전해보기를 바란다. 다행히 요즘은 다양한 언어 번역기나 편리한 앱들이 있어 몇 년 전보다는 훨씬 쉽게 문서를 작성할 수 있다. 처음엔 몇 시간씩 걸릴 것이고, 오류투성이일 것이다. 그렇지만 해외취업이 꿈이라면 이런 노력쯤은 감수해야 한다. 영어로 프레젠테이션 할 기회가 있다면 역시 손들고 해보자. 당연히 처음에는 창피할 것이다. 해외에서 취업하면 매일매일 영어로 대화해야 한다. 미리 창피함을 다 겪으면 해외에 나갔을 때 창피할 일이 없다.

한국인들에게 공통적으로 볼 수 있는 영어의 말하기와 발음 문제에 대해 얘기하고 싶다. 나를 포함해 한국에서 영어교육을 받은 사람들은 문법에만 집중한다. 문법에 맞춰서 얘기하려고 머릿속에서 완벽한 문장을 계속 생각하다가 말할 타이밍을 놓친다. 실제 해외생활에서는 문법이 틀렸다고 의사소통이 안 되거나 잘못을 지적받는 경우는 없었다. 일단 말하고 보는 습관을 길러야 한다. 그리고 발음은 정말 중요하다. 문법은 완벽한데 상대방이 못 알아들으면 아무 소용이 없다. 내 생각에 한국 사람들의 발음에서 가장 큰 문제는 크게 발음하지 않는 것이다. 미국 드라마를 보면 사람들의 표정이 정말 풍부하고 과장된다고 느낄 때도 있다. 과장된 것처럼 보일 정도로 입을 크게 벌리고 발음해야 말이 잘 들린다. 영어 프레젠테이션을 준비한다면 마음속으로 읽지 말고 크게 소리 내어 발음하고 그것을 녹음해 들어보면서 계속 수정을 거치면 영어회화 실력이 월등히 향상된다.

마지막으로 특수한 경우지만 영어를 잘 못하고도 해외취업에 성공하는 사례를 본 적이 있다. 그런 사례는 정말 해당 분야의 지식이 뛰어난 경우다. 만약 본인이 정말 특별한 지식이나 특수한 분야의 경험을 가지고 있다면 영어가 해외취업의 걸림돌이 될 거라 생각할 필요는 없을 것 같다.

겸손이 미덕은 아니다

∴

네덜란드 이주를 꿈꾸는 사람들한테 종종 다음과 같은 질문을 받는다. "네덜란드에서 취업하려면 공부를 더 해야 할까요?" 나도 오기 전에 공부에 대한 고민을 했었다. 네덜란드에서는 4년제 대학을 다니면 보통 석사(WO) 학위를 받고 졸업한다. 한국에서 4년제 대학을 나오면 학사 학위를 받는데, 네덜란드에서는 대부분 이를 전문대 학사(HBO)로 취급한다. 당연히 조금은 억울한 기분이 든다. 그래서 석사 학위를 따야 할까, MBA를 해야 할까, 전공을 바꿔야 할까 등을 고민하게 된다.

결론적으로 말하면 'No'다. 그런 학위가 꼭 필요한 것은 아니다. 본인의 경력이 충분하다면 그것만으로도 면접 시 어필이 가능하다. 경력은 네덜란드 취업에서 가장 중요한 부분이며 특히나 다국적 기업에서 근무한 경력은 인정받는다.

네덜란드에서는 관리직 경험을 우대한다. 모든 사람들이 승진을 추구하진 않기 때문이다. 승진을 해서 관리자의 위치에 있어봤다는 것은 그만큼 욕심도 있고 일도 잘했고 리더십도 있다는 것으로 해석된다. 대기업이나 다국적 기업에서 다년간의 근무 경력이 있고, 승진후 부하직원들을 관리해본 경험이 있다면 충분히 그런 경력만으로도 인정을 받을 수 있다.

예외가 되는 경우는 2년 이하 경력의 사회 초년생인 경우와 혹은 직무를 아예 바꾸려고 할 경우다. 나의 경우 근무 경력이 2년밖에 되지 않았고, 경력과 전혀 상관이 없는 회계 업무를 네덜란드에서 시작하려 했기에 미국 공인회계사 시험을 합격한 것이 당연히 도움이 되었다. 만약 다년간의 근무 경력은 있지만 다른 분야에 관심이 생겨서 추가적으로 공부를 한다면 이것은 구직에 도움이 될 수 있다. 이 경우 시장조사를 해보고 원하는 직무와 잘 맞는 대학과 교육 과정을 찾아서 공부를 시작하는 것이 필요할 것이다. 네덜란드에서 구직할 경우 직무와 상관없이 그저 있으면 좋을 것이라는 막연한 이유로 석사나 MBA를 시도하는 것은 추천하지 않는다.

네덜란드 취업에서 중요한 또 하나는 링크드인이다. 많은 업체들이 링크드인을 통해서 구인 광고를 올리며 또 수많은 헤드헌터들이 링크드인을 통해 인재들을 찾아나선다. 반드시 링크드인에 프로필을 최대한 자세히 프로페셔널하게 올려 관리하고, 또 적극적으로 관심 있는 회사들을 팔로잉하는 것이 중요하다. 원하는 회사에 구인광고가 없더라도 그 회사의 인사부서에 CV를 먼저 보내는 것도 좋다. 네덜란드에서 경력직은 헤드헌터를 통해서 구인하는 경우가 많기 때문에 미리 헤드헌터의 회사들을 찾아나서고 스카이프 면접 등으로 헤드헌터들과 인맥을 쌓는 것도 좋은 방법이다.

또 명심해야 할 것은 만약 원하는 회사에 구인광고가 있는데, 영어와 네덜란드어 선호라고 적혀 있다고 해서 혹은 경력이 미달이라서 지원조차 안하면 안 된다. 원하는 일이 있으면 무조건 지원해야 한다. 백 번 떨어지는 한이 있더라도, 지원조차 하지 않으면 가능성은 0%다. 이를 명심하고 일단은 도전하는 것이 중요하다.

마지막으로 네덜란드에서 면접 시에 반드시 알아야 할 점은 겸손은 미덕이 아니라는 것이다. 네덜란드 사람들은 대부분 자기PR에 아주 강하다. 별 능력이 없는 사람도 면접에서는 능력이 대단히 많은 것처럼 말한다. 그렇기 때문에 사람들은 상대방이 "나는 100을 할 수 있다"라고 하면 '아 저 사람은 한 50 정도 하겠구나'라고 생각한다. 면접에서 한국인 특유의 겸손함으로 "난 한 50 정도해"라고 말한다면 '아 저 사람은 한 25 정도 하겠구나'라고 해석할 것이다. 구체적으로 사례를 들어가며 어느 정도 역량이 되는지를 논리적으로 설명하는 것이 중요하고, 어떤 성과를 설명했을 때 수치를 제시하거나, 사실에 근거한 본인 PR을 하는 것이 중요하다.

네덜란드는 개인의 성과를 중요시 여기기 때문에 '나'를 중심으로 이야기하는 것이 효과적이다. '내가 다니던 회사는 이렇게 매출이 많은 회사였다' 같은 내용은 그다지 의미가 없다. 그러나 '이 회사의 매출이 10억이었는데 내가 이 중에 30%를 책임져서 35%로 올렸다'는 식으로 본인이 한 내용을 어필하는 것이 좋다.

그 직장에서 오래 근무할 생각이라면 솔직하게 쓰는 것이 무엇보다 중요한 것 같다. 네덜란드는 일단 6개월이나 1년 계약직으로 시작해서 나중에 정규직으로 전환하는 경우가 대부분인데 일단 직장에 들어가고 보자는 심산으로 없는 경력을 부풀려 말하거나 만족스럽지 않은 연봉 수준에 동의한 뒤에는 서로 불만족스런 경우가 생길 수 있기 때문이다. 잘못하면 계약 연장이나 정규직으로의 전환이 불가능해질 수도 있다. 연봉, 근무시간, 휴일, 혹은 미래에 원하는 직무 등 원하는 것을 구체적으로 분명히 말하고 본인의 경험과 역량에 대한 부분은 솔직히 그러나 자신감 있게 말하는 것이 필요하다.

네덜란드에 있는
한국 회사 갈까 말까

::

해외취업을 꿈꾸는 사람들은 대부분 해외에 있는 한국 기업의 지사에 가는 것을 꺼리는 것 같다. 한국에서 일하는 것과 완전히 다른 근무 환경을 꿈꾸기 때문이다. 내 경우 네덜란드에서의 첫 직장이 한국 기업의 해외 지사였다. 그 당시 다른 옵션도 있었지만 한국 회사를 택했다. 내가 생각하는 한국 기업의 해외 지사로 취업할 경우의 장단점은 아래와 같다.

장점

취업에 유리하다 한국 기업의 해외 지사는 대부분 한국인 고용을 선호한다. 그만큼 해외취업 시에 장벽이 낮아진다. 또 현지 회사는 대부분 비자가 있는 현지인 고용을 선호하는 반면, 한국 회사는 비자가 없는 사람일지라도 비자 지원에 협조적이다.

진급에 유리하다 한국 사람이 한국 회사에서 우대받는 것은 당연하다. 물론 실적도 좋아야겠지만 똑같은 실적이 있을 때 현지인보다 한국 사람의 진급이 빠르다.

문화 충격을 덜 받는다 처음에 회사에 들어갔을 때는 몰랐지만, 돌이켜보니 네덜란드에서의 첫 직장 경험이 한국 기업이었던 것이 문화적 충격의 완충 작용을 해준 것 같다. 네덜란드 문화와 한국 문화의 중간쯤에서 근무했다고나 할까. 외국에 이주한다는 것은 그 자체로도 힘든 일이다. 근무 환경마저 180도 바뀌는 상황은 생각보다 정말 많은 스트레스 요인이 될 수 있다.

경력에 도움이 된다 해외에 진출한 한국 기업의 경우 대부분 이름만 대면 알 만한 대기업이다. 해외에 있는 작은 현지 회사에서의 근무 경력보다 한국의 대기업에서 일하는 것이 경력에 도움이 될 수 있다.

단점

일을 많이 해야 한다 한국 사람들은 대부분 외국인들보다 암묵적으로 일을 더 많이 하게 된다. 그러나 이는 모든 한국 회사에 해당되는 것은 아니며, 또 본인이 원하지 않으면 분명히 말하는 것이 좋다. 한편으론 일을 많이 한 만큼 진급이 빠르다고 생각할 수도 있겠다.

진급에 한계가 있다 최고경영자까지 가기가 힘들다는 뜻이다. 한국인으로서 중간 관리자까지는 빠르게 진급할 수 있지만, 보통 해외 지사의 최고경영자는 현지 전문 경영인이나 주재원이 되는 경우가 많다.

장단점을 들어봤지만 개인적으로는 해외취업의 첫 단추를 한국 회사에서 시작하는 것이 좋다고 생각한다. 취업과 진급의 기회가 훨씬 많고, 현지에 적응하기가 훨씬 쉽다. 네덜란드에서는 경력직의 경우 이직이 몹시 자유로운 편이라 해외의 첫 직장으로 한국 회사에서 몇 년간 근무한 후 만약 만족하지 못한다면 다른 회사로 이직하는 것도 경력 상 전혀 문제될 일이 없다.

네덜란드에 있는 한국 기업들로는 로테르담 지역의 로지스틱스, 수출입 관련 회사들이 있고, 암스테르담 지역 주변에는 소비재 관련된 다국적 기업들이 많이 진출해 있는 것으로 알고 있다. 로지스틱스, 수출입 관련 경력이 있거나 IT, 회계 혹은 국제 세법이나 국제 상법 등을 전공하고 업무 경력이 있다면 네덜란드에서의 해외취업에 도전할 것을 추천한다.

조금만 일하고 아주 잘 살기

::

네덜란드는 일하기 좋은 나라다. 실업률이 유럽에서 제일 낮은 수준이며 최근 몇 년간 경제가 회복세를 띠면서 기업체들의 투자도 적극적으로 이뤄지고 있다. 법인세 혜택이나 정부의 투자 유치 노력도 활발해서 다국적 기업들의 진출도 늘어나고 있다. 따라서 영어만 할 줄 알아도 일할 수 있는 다국적 기업들이 많이 있다. 채용 시에 외국인에 대한 차별도 거의 없으며, 특히나 암스테르담이나 로테르담과 같은 대도시에서는 네덜란드어만큼이나 영어를 자주 들을 수 있다. 수출입 사업도 활발하고 한국과의 교류도 점점 늘어나서 한국인으로서 네덜란드에서 일하기에도 좋은 환경이 되어가고 있다.

지식인 노동자의 경우 이주 후 최대 8년간 소득세 30% 감면 혜택을 받을 수 있다(2017년 법 기준). 이는 기업체들에게는 외국인 지식인 노동자들을 고용할 동기부여가 되기도 하는데, 소득세 감면은 반대로 말하면 월급을 30% 적게 주고도 외국인 직원에게 현지 직원과 같은 수준의 월급을 지급할 수 있다는 뜻이기 때문이다. 이러한 이유로 해외의 유명 대학(원) 졸업생들을 적극적으로 유치하려 노력하는 대기업들의 사례를 들어본 적이 있다.

좋은 직장을 구하는 것도 당연히 좋지만 네덜란드의 최대 장점은 짧은 근무시간이다. 연간 평균 근무시간은 OECD 가입국 중에 4번째로 짧은 1,430시간이며 한국의 2,069시간의 70%밖에 되지 않는다. 여성의 경우 주 3~4일 근무가 보편적이며 남성들도 주 4~5일 일한다. '칼퇴근'이 보편적이며 연간 20~25일 정도 휴가를 사용할 수 있다. 또 효율적인 출산, 육아 및 보육 시스템으로 여성들도 출산 후 원한다면 얼마든지 직장생활을 지속해나갈 수 있다. 가족을 위한 시간을 충분히 가질 수 있지만 그렇다고 커리어를 포기하지 않아도 되는 점이 특히나 매력적으로 느껴졌다.

네덜란드의 삶은 조금 불편하고 조금 무료할 수 있지만 전반적으로 부족함이 없다. 안정적인 직장이 있다면 은행 대출을 받아서 집을 사는 것이 어렵지 않다. 여러 가지 복잡한 조건들이 있지만 보통은 주택 가격의 90~100%까지 대출을 받아서 집을 장만할 수 있다. 최근 몇 년간은 대출금리도 낮아서(10년 2% 미만 고정금리, 30년 원금 상환) 이자와 원금 상환의 부담도 적다.

사교육의 부담이 없어서 육아 비용이 적게 들고 장바구니 물가가 싼 편이다. 아이들은 뛰어놀면서 건강하게, 그리고 세상에서 제일 행복한 아이들로 자랄 수 있다. 게다가 나이가 들면 체계적인 연금 제도의 혜택을 받을 수 있다.

당연히 단점도 많이 있다. 어떤 일을 처리하려면 사소한 것도 시간이 정말 오래 걸리는 편이고 영어만 해도 살 수는 있지만 네덜란드어를 꼭 해야 하는 상황도 당연히 있다. 인종 차별이 없는 편이긴 해도 아예 없지는 않다. 대중교통 수단도 비싼 편이라 자전거를 자주 이용해야 한다. 겨울엔 춥고 비가 많이 오고 해가 일찍 져서 오후만 되어도 캄캄하다. 특히 병원 이용은 가장 불만스러운 부분이다. 그러나 이러저러한 불편함은 종류는 다르겠지만 어느 나라에서 살더라도 있을 것이라 생각한다.

작은 일상의 불편함을 감수한다면 네덜란드는 직장, 집, 육아, 노후 등 인생에서의 큰 틀에 대한 걱정 없이 아주 잘 살 수 있는 나라다. 한국보다 모든 면에서 낫다고 할 수는 없겠지만, 만약 한국에서 긴 업무 시간에 지쳐서 일은 계속하고 싶지만 조금 적게 일하고 싶다면, 혹은 집 장만이 어려워서 어려움을 겪고 있다면, 혹은 아이는 낳고 싶은데 한국에서 직장생활과 육아를 병행할 자신이 없다면, 혹은 사교육 걱정 없이 아이를 건강하고 자유롭게 기르고 싶다면, 혹은 이런 개인적인 이유는 없더라도 유럽 내에서도 경제성장이 활발하고 외국인에게 관대한 나라에서 일해보고 싶은 마음이 있다면, 네덜란드 이주를 도전해볼 것을 권한다.

창업하기 좋은 나라, 네덜란드
::

네덜란드에서 5년 정도 회계 업무를 하면서 평탄하게 지내고 있었지만, 새로운 일에 대한 갈망이 있었다. 무언가 창의적인 일, 내가 더 영향력을 줄 수 있는 일을 하고 싶었다. 대기업에서 일해본 사람은 알겠지만 회사에서 나의 업무 영역이 몹시 제한적이고 나의 영향력은 미미해서 자신이 하찮게 느껴질 때가 많았다. 그래서 나는 개인 사업을 하기로 결심하고 사업 아이디어 구상을 시작했다. 처음에 생각했던 것은 임부복 사업이었다. 임신했을 때 임부복을 사 입기가 힘들었기 때문이다. 그러나 임부복 사업은 제품 단가가 너무 비싸고 재고의 부담이 큰 데다 시즌별로 계속 새로운 옷을 팔아야 하는 등 처음 사업을 해보는 나로서는 힘들 것이라는 판단이 섰다.

사업 아이템을 열심히 생각하던 중 한국 화장품을 팔아야겠다는 생각이 들었다. 네덜란드 이주 후 피부 트러블로 인해 몇 년씩이나 고생한 데다 네덜란드에서도 K-pop과 한국 음식의 인기가 조금씩 높아지고 있었기 때문이다. 한국의 제품을 네덜란드에 소개하는 것도 의미있는 일이었다.

창업하면서 느낀 것이지만 네덜란드는 사업하기에 좋은 나라다. 우선 사업자 등록이나 법인용 은행 계좌 개설 등 절차가 매우 간소하다. 사업자 등록은 상공회의소(kvk)에서 하는데 처리시간이 30분 정도밖에 걸리지 않았다. 법인용 은행 계좌 개설도 마찬가지다. 부가가치세 신고와 소득세 신고 등은 사업자 등록보다는 조금 더 복잡하긴 하지만 국세청 홈페이지(Belastingdienst) 등에 정보가 자세히 나와 있으며 또 작은 개인 사업자들을 위한 회계사 서비스 등이 다양한 가격대로 운영되고 있다. 처음 창업한 사람들에겐 다양한 서비스 비용 할인 및 세금 혜택이 있어서 금전적으로도 부담이 적다.

또 좋다고 느낀 점은 어떤 업체와 연락을 했을 때도 업무 해결이 어렵지 않았다는 점이다. 인맥이나 큰 회사의 네임 밸류 없이도 원하는 회사들과 수월하게 업무 체결을 할 수 있었다. 보통 용역 제공 업체들도 비용 등의 정보를 투명하게 제공하는 편이며 작은 사업자라고 차별받는 일은 없다.

소비자들도 비교적 합리적인 판단에 따라 물건을 사는 분위기여서 대기업의 서비스나 제품이라고 해서 무조건 선호하지는 않으며 중소기업이나 개인 사업자들도 창의적인 아이디어나 제품이 있으면 빠른 시간 내에 사업에 성공하는 경우도 종종 봤다.

온라인 쇼핑이 활발히 이뤄지는 것도 소자본 창업에 유리한 환경이고, EU 국가들은 한 나라나 마찬가지여서 네덜란드에서 창업 후 유럽 내에 진출하기가 비교적 수월하다는 점도 네덜란드에서 사업하기에 좋은 이유일 것이다.

반면 단점도 있다. 우선 네덜란드에서 직장에 다니는 것에 비해 네덜란드어를 더 잘 구사할 줄 알아야 한다. 네덜란드의 환경이나 소비자에 대한 이해가 필요하다. 그밖에도 일반 직장에 다닐 때와 달리 개인연금이나 보험을 본인이 알아서 준비해야 한다.

내 마음대로 살아요
::

네덜란드의 좋은 점은 개인주의가 지배하는 나라라는 점이다. 개개인의 삶이 제일 중요하며 조직을 위해서 개인의 행복을 포기하라고 종용하지 않는다. 개인의 역할, 개인의 권리, 개인의 자유가 가장 우선시되며 이는 사회 곳곳에서 찾아볼 수 있다. 물론 조직이나 단체를 중시하는 나라에서 온 나는 처음에 이런 문화에 적응하기까지 시간이 걸렸다. 예를 들어 한국 회사에서는 모든 직원들이 3년 근무 후 승진 대상자에 포함되거나, 회사 전체 실적이 좋으면 전 직원이 보너스를 받는 등 개인이 아닌 조직 전체에 적용되는 일들이 많았다. 그러나 네덜란드에서는 연봉 협상 자체가 지극히 개인적인 일이라 누가 승진을 하는지, 누가 연봉이 올라가는지조차 알기 어렵다. 보너스를 받을 때도 열심히 일해서 더 높은 실적을 올린 사람이 더 많이 받는다. 개인의 실적에 따라 정해지기 때문에 더 공평하다고 할 수 있다.

조직에서도 개인의 의견을 중시해서 "넌 어떻게 생각하니?"라는 질문을 정말 자주 받게 되며 이럴 때 자기의 의견을 적극 피력할 기회가 주어진다. 그래서 능력만 있다면, 경력이 많지 않은 직원들도 개인의 의견이나 능력을 적극 발휘해서 초고속 승진을 할 수 있다. 처음 네덜란드에서 직장생활을 할 때 좋은 점은 어떠한 질문을 해도 늘 "좋은 질문이야"라고 상사가 답했던 점이다. 한국에서 일할 때는 질문하지 않고 그저 묵묵히 일하는 것을 상사가 더 좋아하며 상사가 잘못된 의견을 말해도 그것을 지적하거나 질문하면 오히려 불이익을 보는 경우도 종종 있었던 것 같다.

직장생활뿐 아니라 사적인 대화에서도 개인의 의견을 중요하게 여긴다. 그래서 "너는 어떻게 생각해?"라는 질문을 자주 받으며 거리낌 없이 자기 생각을 얘기하는 것이 보편적이다. 조금 부적절한 이야기를 한다고 화를 내도 소용없다. "네가 동의하지 않아도 나는 그렇게 생각해"라고 반응하기 때문이다. 이럴 때는 기분 나빠할 필요 없이 그냥 무시하면 된다. 다음에 내 의견에 상대방이 동의하지 않을 때 나도 똑같이 얘기하면 된다.

처음엔 마음대로 의견을 말할 수 있고 내가 살고 싶은 대로 살 수 있는 이 사회가 조직생활에 익숙한 내게 어색했지만, 차츰 적응해나가다 보니 이런 라이프 스타일이 생각보다 훨씬 더 마음에 평화를 주고 자유를 주었다. 네덜란드에서는 그냥 남의 눈치 보지 않고, 내 마음대로 살면 된다.

워킹맘의 천국, 네덜란드

::

최근 몇 년 사이에 한국에서 네덜란드 관련 다큐멘터리를 많이 방영한 것으로 알고 있다. 시간제 근무와 임신, 출산 등에 관련된 내용이었다. 지인들이 종종 정말 네덜란드에서 아이 키우기가 좋으냐는 질문을 해오면, 내 대답은 언제나 'Yes'다. 네덜란드는 워킹맘의 천국과 같은 곳이다.

첫째, 구직 시 임신했다는 이유로 고용이 안 되는 경우는 없다. 법적으로 임신 관련된 내용은 묻지 못하게 되어 있다. 고용 후에 임신 사실을 알려도 문제될 것이 없으며, 총 20주인 출산 휴가도 당연히 누릴 수 있다. 출산 휴가는 출산 예정일 4~6주 전부터 선택해서 시작할 수 있고, 법적으로 늦어도 출산 예정일 4주 전에는 무조건 출산 휴가를 시작하도록 되어 있다. 만삭의 몸을 이끌고 사무실에 가지 않아도 된다는 뜻이다. 만약 출산일이 출산 예정일보다 늦어질 경우에도 걱정할 필요 없다. 실제 출산일 후 최소 16주는 법적으로 보장이 된다. 예를 들어 출산 예정일 4주 전에 출산 휴가를 시작했는데 실제로 아기가 예정일보다 일주일 늦게 태어났다면, 출산 예정일 전 4주와 출산 예정일에서 실제 출산일까지 1주, 출산 후 16주를 모두 더해서 총 출산 휴가는 21주가 된다.

임신부에 대한 배려정책도 잘되어 있다. 회사와는 독립된 회사 의사(Bedrijfarts)라는 제도를 통해 임신은 물론이고 다른 질병으로 인해 근무가 어려울 경우 회사 의사와 상의해서 병가 혹은 근무시간 조정을 할 수 있다. 나는 임신 때 하루에도 몇 차례씩 구토를 할 정도로 입덧이 심했는데, 회사 의사와 몸의 상태를 상의하고 근무 시간을 조정할 수 있었다. 임신 8~18주 사이에는 근무 시간을 10% 정도 줄이고 대신 집에서 근무할 수 있도록 회사에서 배려해주었다. 다행히 18주 후에는 입덧이 완화되어 정상 근무를 했다.

둘째, 출산 후에는 육아 휴가를 사용할 수 있다. 한국과는 조금 다르게 네덜란드의 출산 및 육아 휴가 시스템은 엄마들이 임신과 육아로 경력단절 없이 계속 일하도록 만들어진 시스템이다. 출산 휴가도 20주, 생각보다는 짧지 않은가? 출산 휴가 기간이 길지 않기 때문에 보통 회사들은 새 인력을 보강하지 않거나 보강하더라도 짧은 계약직으로만 채운다. 그러므로 출산 휴가가 끝나서 돌아왔는데 본인의 직무가 다른 사람한테 넘어가서 자신의 자리가 없어진다든지 하는 일은 상상할 수 없다. 출산 후 자기의 자리로 돌아와서 다시 열심히 일하면 되는 것이다.

출산 휴가 이후에 업무에 복귀하여 사용할 수 있는 육아 '휴가'가 '휴직'이 아닌 이유가 있다. 육아 휴가는 무급 휴가이고 본인의 일주일 근무 시간의 26배이며 아이가 8세가 될 때까지 사용할 수 있다 (2017법 기준). 예를 들어 일주일에 32시간(4일) 근무하는 사람이라면 32×26=832시간을 육아 휴가로 쓸 수 있는 것이다. 이를 나눠서 사용할 수 있다고 회사에 제안한다. 출산 전에 근무하던 32시간 대신

하루 덜 일하고 24시간(3일) 근무하겠다고 제안해서 회사가 동의할 경우 104주간(2년) 일주일에 하루씩 휴가를 쓸 수 있다. 회사는 법적으로 이 휴가가 아주 큰 문제를 일으키지 않는 이상 무조건 허용해야 한다. 실제로 이런 육아 휴가를 거절할 경우 그 직원이 퇴사할 것을 각오해야 하기 때문에 거절하는 경우는 거의 없다.

육아 휴가는 부모 모두가 사용할 수 있으며 아이 한 명당 배정되는 시간이라 둘째가 생기면 또다시 똑같은 시간의 육아 휴가를 받게 된다. 그렇지만 보통은 둘째가 생겨도 5일에서 4일로 근무시간을 줄이거나 4일에서 3일로 줄이기는 하지만 5일에서 3일로 줄이거나 4일에서 2일로 줄이지는 않는다. 부모는 육아 휴가를 사용해서 육아에 참여하며 경력을 이어갈 수 있고, 기업 입장에서는 노동시간의 일부만 양보하는 대신 경력직 직원을 잃지 않아도 되니 윈-윈 하는 상황이다.

셋째, 보육 시설이 잘되어 있다. 엄마나 아빠가 근무하는 주중에 아이는 어디에 맡길까? 보통의 네덜란드 가정의 경우 엄마가 일주일에 하루 육아 휴가, 아빠가 하루 육아 휴가, 양가 할머니 할아버지들이 2주일에 번갈아가며 하루, 그래서 이틀 정도 어린이집에 가게 된다. 나의 경우 남편은 육아 휴가를 사용하기에는 어려운 직종에 있었고 친정 부모님은 여기 안 계시고 시부모님은 멀리 사셔서 일주일에 하루는 내가 돌보고, 나머지 4일은 어린이집에 보냈다.

어린이집은 아기가 생후 3개월 때부터 보낼 수 있고 아침 7시 반부터 저녁 6시까지 맡길 수 있다. 2세 미만 아이는 선생님 1인당 최대 5명까지 돌볼 수 있고, 2~4세는 선생님 1인당 최대 8명까지 돌볼 수 있다. 그래서 선생님들이 힘들어하지 않고 근무에 나름 만족하며 행복하게 일하는 것처럼 보였다. 덕분에 늘 안심하고 어린이집에 아이를 보내고 근무할 수 있었다. 아침에 남편이 어린이집에 아이를 데려다주면 나는 근무 후 저녁에 아이를 픽업하러 갔었다. 이는 오후 5시에 정시 퇴근이 가능했기 때문이다. 보육시설은 비용이 비싸지만 엄마 아빠 모두 일할 경우는 임금 수준에 따라 많게는 최대 90%까지 정부로부터 돌려받을 수 있다. 부모 모두 일하지 않고 한 명은 일을 하고 한 명은 공부 중이라고 해도, 공부하는 것도 '일'하는 것으로 인정되어서 이 혜택을 받을 수 있다. 만약 한 명이 근무도 하지 않고 공부도 하지 않는다면, 모든 비용을 개인이 지불해야 한다.

4세부터는 공교육인 기초학교(Basisschool)가 시작되어 이런 보육비 부담이 훨씬 줄어든다. 아이가 어릴 때는(1~6학년 정도) 수업 시간이 짧은 편이어서 방과후 어린이집(BSO)에 가게 되지만, 비용 부담은 0~4세 때의 반 이하로 뚝 떨어지게 된다. 네덜란드는 아이들을 자유롭게 기르는 편이어서 사교육에 대한 개념 자체가 별로 없다. 주로 예체능 활동을 장려하는 분위기라 일주일에 한 번 축구나 발레 수업, 피아노 수업이 있는 정도다. 부모들은 열심히, 그렇지만 길지 않은 시간 일을 하고, 아이들은 신나게 노는 나라가 네덜란드다.

한국 엄마로서
네덜란드에서 산다는 것

::

한국 엄마로 네덜란드에서 아이를 키우고 살면서 늘 좋은 일만 있었던 것은 아니다. 힘들다고 느낀 순간은 임신과 산후조리 기간이었다. 우리나라와 달리 네덜란드에서는 임신 기간 동안 날 것이나 알코올 섭취하는 것을 피하는 것 외에는 특별히 생활이 바뀌는 점이 없다. 지금은 익숙해졌지만 임신 당시에는 서러운 기분이 들 때가 종종 있었다. 예를 들면 버스에서 임산부에게 자리를 양보해주는 사람도 별로 없고, 친구들이나 동료들이 내가 피곤해 하거나 입덧 때문에 한국 음식을 먹고 싶어하는 것을 이해하지 못했다. 작은 것들이지만 당시에는 힘들게 느꼈던 것 같다. 한국처럼 산모가 먹고 싶어하는 것이라면 무조건 챙겨주는 문화가 네덜란드에는 없었다.

네덜란드에서는 심하다 싶을 만큼 자연주의 산후조리를 추구해서 병원에서 보통 출산 후에 2시간 정도면 퇴원을 시킨다. 나는 몇 가지 검사를 해야 해서 다행히(?) 아기, 남편과 같이 병원에서 하룻밤 지내고 퇴원할 수 있었지만 보통 아무 문제가 없으면 바로 집으로 가라고 한다. 이런 문화가 며칠씩 산후조리를 하는 한국 산모들에게는 무척 부담스럽고 걱정스러울 수 있을 것 같다. 출산 직후에 병원에서 점심을 주었는데, 네덜란드에서 점심은 너무나 당연히 빵이기 때문에 차가운 빵이 먹기 싫어서 남편에게 임신 기간 동안 너무 먹고 싶었지만 건강을 생각해서 참았던 햄버거 세트를 사다달라고 해서 먹었던 기억이 있다. 출산 직후 친정엄마가 해주신 뜨끈한 미역국이 아닌 차디찬 빵을 먹는 것이 한국 사람으로선 서러움이 밀려오는 순간이 될 수 있다. 한국에서의 산후조리 방식과 크고 작은 차이점들 때문에 감정적으로 민감한 시기에 마음이 복잡하고 심란한 순간들이 있었던 것 같다.

나는 개인적으로 주로 임신 기간과 출산 직후에 한국 사람으로서 어려움을 겪었지만, 조금 더 큰 아이들을 가진 주변 한국 사람들의 이야기를 들어보면 아이가 학교에 들어갔을 때 양육하기 힘들어진다고 한다. 가장 큰 어려움은 언어 문제다. 부모가 집에서 우리말을 사용할 경우 아이가 학교에서 네덜란드어로 하는 수업을 쫓아가지 못할 수 있다. 이런 경우 네덜란드 사람들은 보통 굉장히 직접적으로 얘기하기 때문에 선생님으로부터 "당신의 아이는 언어 발달이 부족합니다"라는 지적을 받을 수 있다. 이때 한국 사람들은 부모로서 아이에게 미안함을 느끼게 되고, 아이의 언어 교육 때문에 스트레스를 받을 수밖에 없다. 또 인종 차별을 받는다고 느끼는 경우도 있다. 이런 어려움은 네덜란드뿐 아니라 다른 국가에서도 이민자로 살아가면서 피할 수 없는 씁쓸한 현실일 것이다.

다시 네덜란드의 좋은 점들로 돌아오면, 출산 후에 8일간 집으로 산후조리사(Kraamzorg 크람조르흐)가 방문하는 좋은 시스템이 있다. 나도 이 제도의 도움을 받았다. 이는 본인 보험의 보장내역에 따라 조금씩 차이는 있지만 보통은 보험에서 일부 금액 혹은 전액이 보장이 된다.(네덜란드의 건강보험은 공보험이 아닌 사보험으로, 건강보험은 모든 사람이 필수로 가입해야 한다. 본인이 원하는 보장 내역대로 더 많이 보장하거나, 더 적게 보장하는 방식으로 가입할 수 있다). 한국의 산후조리원이 몇백만 원씩 드는 데 비해서 집에서 쉬면서 도움을 받고 또 나의 경우에는 보험에서 모두 비용처리가 되어서 경제적인 부담 없이 산후조리를 받을 수 있었다. 모유 수유에 어려움이 있었는데 이렇게 모유 수유에 어려움이 있거나 건강상에 문제가 있는 산모의 경우 가정의의 진단 하에 산후조리사 방문이 연장되기도 한다. 나의 경우에는 2일 더 연장되어 총 10일간 산후조리사의 도움을 받았다.

네덜란드에서 임신과 출산과 육아는 장단점이 분명히 있지만, 여성이 경력단절 없이 계속 일하기에는 정말 좋은 곳이다. 한국에서 근무 경력이 5년 이상이고 결혼과 출산 후에도 경력단절 없이 계속 일하고 싶은 여성이나 육아에 적극 참여하면서 회사에서 눈치 보지 않고, 일도 열심히 하고 싶은 남성이라면 네덜란드로 이주하는 것을 추천한다. 아이를 건강하고 사교육비 부담 없이 잘 기르고 싶고 그러면서도 일과 개인 생활의 밸런스가 잘 잡힌 삶을 꿈꾼다면 네덜란드 이주가 좋은 선택일 수 있다.

자연치유를 권하는 의사들

● 네덜란드에 사는 한인들의 가장 큰 불만은 병원 가기가 힘들다는 점이다. 우선 네덜란드에서는 항상 가정의(huisarts)에게 먼저 가야 한다. 가정의들은 보통 아침에 약속 없이 갈 수 있는 30분에서 한 시간 정도의 진료 시간이 있으며 그 외의 시간은 항상 약속을 잡고 가야 한다. 감기로 당장 힘든데도 3일 후로 예약이 잡히곤 한다. 3일 후에 가면 보통 의사들은 이렇게 말한다. "푹 쉬고, 물 많이 마시고, 너무 아프면 진통제를 먹어라. 일주일 지나도 여전히 아프면 다시 와라." 늘 자연치유를 권유하므로 여기 산 지 7년도 더 된 나는 이제 병원에 잘 가지도 않는다.

기침이 심해서 폐렴이 의심되어 폐 초음파 사진을 찍어보고 싶다고 해도 가정의가 진찰해봐서 아닌 것 같으면 전문의에게 보내주지 않는다. 보통 너무 아픈 증상이 몇 주간 오래 지속되고 다른 합병증이 나타날 경우에만 큰 병원으로 갈 수 있도록 소견서를 써준다. 돈만 내면 전문의와 큰 병원에 늘 갈 수 있는 한국 사람들에겐 정말 답답한 일이다.

임신했을 때는 초음파 검사를 할 때마다 아이가 너무 큰 것 같다고 불안감을 표현했으나 조산사(네덜란드에서는 큰 질병이 있지 않는 한 조산사를 통해서 아이를 출산하며, 산부인과에서 아이를 낳는 경우는 아주 드물다)는 "네 남편이 네덜란드인이라서 아주 키가 큰 아이를 가졌나 보지"라는 농담만 했었다. 나중에야 내가 과학적인 근거를 대며 "한국 여성은 임신 당뇨의 위험이 15%인데 서양 여성은 5%도 되지 않는다. 또 아이가 너무 크니 임신 당뇨가 걱정이 된다"라고 하자 임신 당뇨 검사를 해줬고 임신 30주나 되어서 임신 당뇨임을 확인했다. 그후에는 대학병원의 산부인과에서 관리를 받고 안전하고 건강하게 아이를 낳기는 했으나, 당시에는 정말 네덜란드의 병원 시스템에 분통이 터졌던 기억이 있다.

병원 진단서와 약 처방전은 한국에서 준비해오면 좋다

● 네덜란드에서 병원에 가는 것이 늘 어려운 일은 아니다. 예를 들어 가슴에 혹이 잡히는 것 같은 느낌이 들어서 불안한 마음에 가정의

에게 전화했을 때는 3일이나 일주일 후가 아닌, 그 즉시 병원에 오라고 했었다. 아이가 다쳤을 때도 바로 오라고 했었다. 한국에서 이미 진단을 받은 병명이 있을 때도 대체로 가정의가 바로 전문의로 연결해준다.

만약 네덜란드에서 살게 된다면 어려운 병원 시스템에 대한 만반의 준비를 하는 것이 좋다. 필요한 병원 진단서나 약 처방전은 미리 한국에서 준비해오고, 정말 어떤 질병이 의심될 경우에는 얼굴에 철판 깔고 의사와 싸울 준비도 해야 한다.

정 안 되면 네덜란드 사람들처럼 자연치유에 의존하는 건강한(?) 라이프스타일을 추구하는 것도 방법이다.

Part 3

기회는 기다리지 않고
잡는 것이다

—

짧은 인연도 소중하게 여기자
다양한 경험이 이뤄낸 스웨덴 취업 (서주형)

희망을 현실로 이루다
동경의 땅 미국에서 취업하다 (김정준)

무엇이 되고 싶은지 먼저 상상해라
아시아 금융의 중심지, 싱가포르에서 꿈을 펴다 (이태훈)

기회의 땅에서 스타트업 창업자로 살기
인도네시아에서 일한다는 것 (유재우)

Sweden

서주형 (스웨덴)

- **(현)** EY(Ernst&Young) Sweden 리스크 자문 본부 매니저
  (Risk Advisory Manager)
- ING 생명 / LG 전자 / 삼일 PwC 근무

짧은 인연도
소중하게 여기자

다양한 경험이 이뤄낸 스웨덴 취업

잦은 이직으로 높아진 적응력

∵

특별한 감동의 스토리가 있는 것은 아니지만 어렸을 때 영국과 미국에서 6년 정도 생활한 덕분에 다른 친구들에 비해 영어에 대한 두려움이 없었다. 초등학교 4학년 때 한국으로 돌아온 후 대학원 졸업 때까지 줄곧 학교생활을 했다. 중학교와 고등학교 때는 수학과 과학이 싫어서 문과를 선택했고, 재수를 하는 동안 스타크래프트에 빠져서 매일 PC방을 드나들면서 수능을 망치기도 했다. 물론 영국과 미국에서의 생활 때문에 영어에 대한 고민은 친구들보다는 덜한 편이었고, 이 부분은 해외취업을 준비할 때 자신감과 기회를 부여해주는 아주 큰 자산이 되었다고 생각한다.

대학교 때는 시험이 임박해야 겨우 공부할 정도로 친구들과 놀러 다닐 궁리만 하며 지냈다. 그 결과 대학교를 아주 평범한 성적으로 졸업한 후 운좋게 ING 생명보험 회사에서 첫 인턴생활을 시작했다. 그후 정규직으로 입사해 2008년부터 2011년까지 3년 정도 근무했다. 외국에 본사를 둔 회사의 해외법인이다 보니 주도적으로 업무를 하고 싶은 마음이 생겼고, 이런 갈증을 어느 정도 해소할 수 있는 국내 대기업으로 옮겨서 2012년 초까지 근무했다. 그후 경력 전환과 네트워크 형성을 위해 뒤늦게 MBA 입학을 결심하게 되었다.

MBA에 입학한 후 여름방학 동안 평소에 관심 있던 스타트업의 초기 멤버로 인턴도 해보고 한 학기 조기졸업을 해서 2013년 8월 외국계 컨설팅 회사에 입사했다. 여러 번의 이직 끝에 스웨덴으로 옮기기 전 마지막 회사로 2014년 10월 다시 이직했다.

약 9년여의 기간 동안 4개의 회사를 다녔으니 어찌 보면 어느 조직에도 적응하지 못하는 실패자처럼 보일 수도 있을 것 같다. 하지만 나에게는 매번 이직해야 할 이유가 명확했기 때문에 이직을 여러 번 했다고 조직에 적응하지 못한다는 일반적인 시선에 대해서는 동의할 수 없다. 오히려 여러 조직에서 경험한 것들이 나의 직장생활을 더욱 풍요롭게 해주었다.

이직을 통한 다양한 경험의 축적은 스웨덴으로 취업하도록 돕는 큰 발판이 되었다. 지금까지의 경험을 공유할 수 있는 아주 중요한 요소라고 생각한다.

자신의 관심사를
주변에 알리기

: :

어렸을 때 영국과 미국에서 생활해서인지 해외에서 생활하고 일하는 것에 대해 두려움보다는 막연한 기대감이 더 컸다. 한국어를 제외하고 의사소통이 가능한 언어가 영어밖에 없었지만 나라는 상관없으니 해외에서 일하며 생활해보고 싶은 생각이 첫 직장을 다니면서부터 내 안에 자리잡고 있었다. 첫 직장을 외국계 금융회사로 선택한 이유 중 하나도 다양한 국적의 직원들이 있는 회사이니만큼 나에게도 다른 국가에서 일할 기회가 생길 수 있다는 막연한 기대감 때문이었다. 일정 근무 기간이 지난 후에 해외근무 가능성에 대해서 알아보기도 하고, 두 번째, 세 번째, 네 번째 직장에서도 해외파견에 대해서 끊임없이 관심을 가졌었다.

회사에 재직하는 동안에도 해외취업을 위해 관심 있는 회사의 채용공고를 유심히 지켜보면서 가끔씩 지원하기도 했다. 또 관심 있는 회사들의 본사 채용 사이트를 저장해놓고 어떤 직무가 있는지, 주로 채용하는 직무는 어떤 것인지 수시로 확인했다. 비록 적극적으로 실천하지는 못했지만, 실제로 지원하는 과정을 익히는 것은 해외취업을 위한 첫 걸음이기도 했다.

직장생활을 9년 정도 해보고 나서야 왜 처음에 해외로 파견되지 않았는지 이해가 되었다. 회사 입장에서는 경력도 없는 신입 직원을 해외로 파견하는 리스크를 떠안을 리가 없었던 것이다. 한국에서 대학을 나온 특별할 것 없는 평범한 신입 직원을 해외지사에서 채용할 가능성은 거의 없었다.

회사 동료들에게 끊임없이 관심사에 대해 표현하고 내가 가고자 하는 방향에 맞는 정보를 수집하는 일은 실현 여부와 상관없이 매우 중요하다고 생각한다. 오히려 한국에서 몇 년 동안 직장생활을 한 뒤 정리된 이력서를 가지고 해외취업을 시도해보는 것이 더 효과적일 수도 있다고 생각한다.

작은 인연도
귀하게 여기는 습관

::

한국에서 다니던 EY 한국법인에서 2015년 9월 새로운 프로젝트에 투입되었다. 국내 대기업의 유럽 지역 법인 통합 전략 프로젝트로 고객사에게도, 우리 팀에게도 매우 중요한 프로젝트였다. 다행히 런던 오피스에서 해당 프로젝트와 유사한 프로젝트를 수행한 사례가 많았다. 런던 오피스 지원과 상호간의 협업이 매우 중요한 프로젝트였다. 한국 업무시간에는 현업 담당자와의 인터뷰와 문서작성 등을 진행하고 영국 시간에 맞춰서 콘퍼런스 콜을 진행하는 일정을 일주일 정도 소화했을 때, 커뮤니케이션이 효율적이지 못해서 프로젝트의 성공을 위해서는 누군가 런던으로 출장을 가는 것이 좋을 것 같다는 의견이 나왔다.

금요일 저녁 회식 중, 우여곡절 끝에 급하게 런던 출장이 결정되었고 귀국 일정을 확정하지 못해 한 달짜리 오픈티켓으로 출발했다. 다음날인 토요일에 도착해서 주말 동안 프로젝트 준비를 마치고 월요일 오전 런던 오피스로 출근했다. 급하게 떠난 출장이라 호텔도 사무실이랑 제법 떨어진 곳에 잡아 버스를 타고 출근해야 했다.

그동안 여러 프로젝트를 해오면서 브라질, 중국, 베트남, 우즈베키스탄 등으로 출장을 다니긴 했지만, 런던은 항상 내가 마음에 품고 있던 특별한 도시였다. 어렸을 때 살았던 기억, 대학교 1학년 마치고 떠났던 배낭여행의 추억, 첫 인턴 월급 여행과 직장인이 된 후의 소중한 여행의 감상들이 남아 있는 장소였다. 런던에 본사 오피스가 위치해 있고, 본사에서 영국 동료들과 잠시나마 일할 수 있다는 생각에 무엇보다 즐거운 마음이 앞섰다. 막상 도착해보니 위치와 전망도 좋고 게다가 날씨까지 좋아서 프로젝트가 아무 문제없이 잘될 것 같은 '말도 안 되는' 기분이 들기도 했다.

런던 오피스 프로젝트 팀을 만나보니 총 5명이었고, 그중 나와 실무를 가장 많이 할 것으로 예상되는 동료는 스웨덴 스톡홀름 오피스에서 파견 나온 제니퍼라는 친구였다. 출장 기간이 한 달 넘게 길어지면서 실무를 같이 하는 제니퍼랑 친해져서 많은 얘기를 나누게 되었다. 런던 오피스는 주로 점심을 밖에서 사오거나 도시락을 싸가지고 와서 먹는 분위기였다. 하지만 스웨덴은 한국과 마찬가지로 점심을 밖에 나가서 사먹는 것이 일반적이기 때문에 제니퍼와 식사를 몇 번 같이 할 수 있었다. 함께 식사를 하는 자리에서 제니퍼는 영국, 미국 또는 호주에서 일하고 싶어했고, 나는 나라는 상관없으니 해외에서 일하고 싶다는 마음을 공유했다. 아무래도 같이 일하는 시간이 많다보니 중간에 이런저런 얘기도 많이 하게 되었고 짧은 기간이었지만 직장 동료 이상의 좋은 친구가 된 듯한 느낌이었다.

귀국일 전에 저녁식사를 하면서 제니퍼는 본인이 근무하는 스웨덴 스톡홀름 오피스에 나중에 자리가 나면 추천해주겠다는 말을 했지만, 농담 반 진담 반으로 듣고는 고맙다는 인사를 남긴 채 긴 출장을 마치고 한국으로 돌아왔다.

기회는 언제 올지 모르니
항상 준비하자

::

영국 프로젝트가 무사히 마무리된 후, 평소와 다름없는 바쁜 일상이 계속되었다. 곧바로 10~12월까지 3개월 동안 부산에서 프로젝트를 수행하게 되어 주중에는 부산에서 지내고 금요일 저녁에 서울로 돌아오는 생활을 하게 되었다. 실제로 컨설팅을 하게 되면 고객사들 사무실에 상주하는 경우가 많아서 아예 주중에는 지방에 숙소를 정하고 지내면서 그곳 사무실로 출퇴근하는 경우가 종종 있다. 크리스마스에 맞춰 부산 프로젝트가 종료된 후, 2016년에는 다시 분당에서 새로운 프로젝트를 시작하게 되었다.

분당에서 한창 프로젝트에 열중하고 있을 때, 그동안 잊고 지냈던 제니퍼에게서 메일이 한 통 왔다.

"Hey, you remember I talked about a position in Stockholm? We're now recruiting, do you want to give it a try?"

런던에서 돌아온 지 4개월 정도가 지난 시점이었고, 헤어질 당시 예의상 하는 얘기라고 여겼던 터라 전혀 예상하지 못한 메일이었다. 짧은 내용이었지만, 지루했던 삶의 전환점이자 그동안 그렇게도 원했던 해외근무의 실마리가 될 만한 매력적인 메일이라는 것이 한눈에 느껴졌다. 아내 역시 당연히 좋아할 것 같아서 상의를 생략하고 바로 짧은 답장을 보냈다. "Of course!"

해외취업뿐만 아니라 이직이 수월하기 위해서는 해당 조직 구성원의 추천만큼 성공 가능성이 높은 방법이 없다는 것을 잘 알고 있었다. 이번 기회가 더더욱 해외에서 일할 수 있는 절호의 기회라고 여겨졌다. 비록 스웨덴이 내가 생각하고 있던 나라는 아니었고, 사전 정보도 많이 없었지만 해외근무가 목적이었던 터라 크게 고민하지 않았다.

제니퍼는 내 답장을 받고 바로 스톡홀름 오피스에 있는 팀 인사 담당자에게 전달할 내 이력서를 보내달라고 했다. 지금 다니는 회사가 4번째 회사이고, 수없이 많은 면접을 봤기 때문에 이력서 고치는 건 그리 어렵지 않았지만 이번 이력서는 그 어느 때보다도 심혈을 기울여 수정해서 제니퍼에게 보냈다. 내가 이직하고자 하는 회사의 직무에 맞게 이력서를 고치는 것은 면접으로 가는 첫걸음이기도 하고, 서류상으로 본인이 평가받는 것이기 때문에 신경써서 작성해야 함은 당연하다. 제니퍼에게서 얻은 스톡홀름 오피스 팀에 대한 정보를 참고해가며 꼼꼼히 작성했다. 그때까지만 해도 내가 스톡홀름 오피스로 가게 될 가능성은 5% 정도라고 예상했다.

'나'에 대한 스토리텔링
::

해외로 취업한 주변 지인들의 얘기에 따르면, 진행기간이 상당히 길었다고 했기 때문에 나 역시 취업이 결정되기까지 꽤 오랜 기간이 걸릴 것이라고 막연히 생각하고 있었다. 하지만 며칠 후 스웨덴에서 이력서를 잘 검토했고 전화로 1차 면접을 보자고 연락이 왔다. 어차피 경력직으로 면접을 보는 것이기 때문에 한국에 있는 대학교의 평판이야 알 수 없을 것이고, 학점에 대해서도 물어보지 않을 것으로 생각했다.

일반적으로 1차 면접은 해당 직무에 대해 소개를 받고 나서, 내 소개를 하고 실무적인 질문을 주고받는 정도로 진행되기 때문에 자기

소개와 그동안 수행했던 업무와 프로젝트 내용 및 역할 등에 대해서 다시 정리를 하며 준비했다. 물론, 가장 기본적이면서 중요하게 물어볼 것으로 예상된 "Why Sweden?"에 대한 답변도 5가지 이유로 정리해서 준비했다.

드디어 면접날이 되었고, 당시 프로젝트 리더에게 솔직하게 상황을 설명하고 양해를 구한 후 다른 회의실에서 전화를 받았다. 1차 면접은 우리나라 직급으로 치면 차장급과 진행했고, 한 시간 정도 통화를 했다. 예상대로 나의 소개와 더불어 스웨덴 팀의 비즈니스와 상황에 대해서 많은 얘기를 나눴다. 지금도 기억나는 질문과 답변을 간단히 정리하면 아래와 같다.

• 왜 스웨덴으로 오려고 하는가(스웨덴을 염두에 두고 있었나)?

스웨덴을 구체적으로 생각하고 있지는 않았지만, 매력적인 곳이라고 항상 생각하고 있었다. 한국에서 경험했던 업무를 다른 국가에 적용해보고 싶었고, 장기적으로는 한국 회사들의 스웨덴 진출을 지원하고 싶다.

• 컨설팅이란 무엇이라고 생각하며, 컨설턴트로서의 가장 중요한 자질은 무엇이라고 생각하는가?

고객사가 당면한 문제에 가장 적절한 해답을 함께 찾아가는 과정이라고 생각한다. 정직함과 전문성이 가장 중요한 자질인 것 같다.

• 그동안 수행했던 프로젝트와 프로젝트 내에서 본인의 역할은 어떤 것이었나?

주로 리스크 관리와 관련된 프로젝트를 수행했고, 프로젝트 업무 범위 중 한 부분을 담당했었다.

• 스웨덴으로 오게 되면 어떤 종류의 일을 하고 싶은가?

기존에 수행했던 업무와 관련된 업무, 한국 회사들의 진출을 지원 하는 업무와 데이터 분석과 관련된 업무 등을 생각하고 있다.

• 해외 출장이 많을 텐데 괜찮은가?

새로운 경험을 하는 것에 거부감이 없기 때문에 해외출장은 지역 에 대한 선호도 없이 갈 수 있다.

한국에서도 관심 있는 직무 또는 회사의 면접을 수시로 봤기 때문 에 이력서를 항상 최신 버전으로 만들어놨었고, 머릿속에 있던 질문 들에 대한 답변을 영어로 바꿔서 말하는 연습을 지속적으로 했었다. 돌이켜보면 닥쳐서 준비하기보다는 미리 어느 정도 준비가 되어 있 었던 것이 긍정적으로 작용했던 것 같다.

면접 담당자는 1차 면접 전화를 끊기 전에 2차 면접을 진행하자 는 애기를 했고, 2차 면접 일자를 조율했다. 2차 면접은 우리나라로 치면 이사 직급 정도 되는 사람과 역시 전화로 진행하게 되었다. 지금 생각해보면 2차 면접이 가장 난해했는데 한국말로도 대답하기 힘든 질문들과 예상하지 못한 질문이 많아 영어로 대답하기가 쉽지 않았다. 그나마 예전에 진행한 여러 번의 면접에서 받았던 질문들이라 나름대로 대처할 수 있었던 것 같다.

곧이어 2주 동안 3차 면접(이사)과 4차 면접(파트너)을 진행했고, 대부분의 질문은 1, 2차 면접 때 내용을 확인하는 정도여서 크게 부담스럽지는 않았다. 면접이 진행되는 동안 계속해서 제니퍼에게 면접 결과와 현지에서 나를 어떻게 평가하는지에 대해서 물어봤다. 다행히 물어볼 때마다 긍정적인 답변을 들을 수 있었고, 4차 면접이 끝나고 얼마 지나지 않아 최종 입사 의사를 묻는 메일을 받을 수 있었다.

면접을 진행하고 준비하면서 가장 중요하게 생각했던 점은 바로 '나'에 대한 스토리텔링이었다. 언제 그리고 왜 해외에서 일하고 싶은 마음을 갖게 되었는지, 해외근무를 위해서 어떤 노력을 했는지, 그리고 실제로 해외근무를 하게 될 경우 나의 목표와 접근방법에 대해서 잘 포장하는 것이었다.

해외취업을 위한 면접의 한 가지 팁이라면, 장기적인 목표설정과 목표를 이루기 위한 과정을 중요하게 여기고 이 부분을 미리 정리해 놓는 것이다.

나는
해외에서
먹고산다

수평적인 조직 문화에도
역할과 책임은 있다

::

스웨덴의 직장 문화가 유럽 국가 중에서도 가장 수평적이기 때문에 상급자와 하급자 간의 격식이나 의견교환에 있어 심리적인 장애물은 없다. 누구나 편하게 의견을 개진할 수 있는 건강한 분위기이기는 하나, 때로는 너무 많은 회의 때문에(스웨덴은 관련 구성원 모두가 동의하는 것을 선호하지만, 컨설팅의 특성상 빠른 의사결정이 필요한 경우가 많기 때문에 항상 그렇지는 않다) 본인의 업무를 다 마치지 못하게 되는 경우가 있어 초반에는 적응하는 시간이 필요했다. 오히려 어떤 경우에는 한국처럼 상급자가 생각하는 방향대로 이끌어주는 것이 편할 때도 있다.

이런 분위기와 관련된 에피소드가 있다. 초반에는 회의 중에 나도 모르게 긴장하고 있는 경우가 많았다. 그런 내 모습과 달리 직급이 낮은 동료들도 파트너 앞에서 다리를 꼬거나 자세를 비스듬히 한 채 앉아 있는 모습이 자주 눈에 띄었다. 그 모습을 보고 나도 의식적으로 조금 여유로운 척 행동했던 기억이 난다. 지금은 많이 적응되어서 상급자와 회의를 할 때도 편안한 마음으로 임한다.

조직 문화가 아무리 수평적이라고 해도 직급별 책임과 역할은 엄연히 존재한다. 이 부분은 오히려 한국보다 더 강조되는 것 같기도 하다. 컨설팅 프로젝트의 경우에는 그 기간 동안의 팀워크가 무엇보다 중요하고 프로젝트 시작 전에 직급별 책임과 역할을 명확히 할수록 성공적으로 종료될 가능성이 높다.

지난 1년 동안 진행했던 프로젝트도 시작 전에 나를 포함해 파트너 1명, 시니어 매니저 1명, 컨설턴트 1명으로 구성된 팀원 4명이 프로젝트의 목표와 팀의 목표, 개별 팀원의 목표, 책임과 역할에 대한 회의를 했다. 특히 스웨덴에서는 회의 때 본인의 의견을 말하지 않으면 직접적으로 "넌 어떻게 생각하니?"라고 물어보기 때문에 항상 대답을 준비하는 것이 좋다.

물론 스웨덴에서도 프로젝트에 따라 이런 유형의 회의가 필요하지 않을 때도 있다. 실제로 회의를 통해 프로젝트의 목표와 개별 팀원의 책임과 역할이 명확하게 설정되면 프로젝트 기간 동안 지속적으로 그 내용을 상기하면서 일을 진행하게 되는 장점이 있다. 직장생활이지만 모두가 만족할 수 있도록 노력하는 모습이라고 생각한다.

잘 쉬는 사람이 일도 잘한다

::

스웨덴의 회사들은 대부분 6주(30영업일)의 휴가를 준다. 게다가 스웨덴 공휴일 전날은 오전만 근무하기 때문에 실제 휴일은 주말과 공휴일 개인 휴가를 포함해서 연간 대략 150일 정도가 된다. 물론 스웨덴에 와서 주말에 출근했던 적은 한 번도 없었기 때문에 철저하게

150일을 쉰다고 볼 수 있다. 부가적으로 어쩔 수 없이 야근을 한 경우에는 야근시간에 해당하는 만큼 다음날 늦게 출근하는 것이 당연하다.

우리 회사 대부분의 동료들은 7월 첫째 주 또는 둘째 주부터 4~5주 동안 평소에 가고 싶었던 휴양지로 여름휴가를 떠난다. 스웨덴 사람들은 시골에 여름용 별장과 보트를 소유하고 있는 경우가 많아, 여름에 이곳에서 친척들이 모두 모여서 시간을 보내기도 한다.

6월부터 9월까지는 하계기간으로 주 35시간만 근무한다. 오전 8~9시 사이에 출근해서 오후 4~5시에 퇴근하는 것이다. 여름휴가 기간에는 클라이언트들도 모두 휴가를 가기 때문에 특별히 진행되는 프로젝트가 없고, 대부분의 회사들도 휴가를 가기 때문에 스웨덴 동료들은 하계기간을 'all-stop'이라고 표현한다. 휴가를 일찍 갔다 왔거나 사정이 있어서 못 가는 동료들은 주로 내부 프로젝트를 수행하거나 하반기 제안서나 마케팅 자료를 작성한다.

한국과 비교하면 1년 동안의 근무일수에 엄청난 차이가 있고 휴가를 사용할 수 있는 여건 또한 아주 큰 차이가 난다. 나도 한국에서는 휴가를 쓰고 싶을 때 쓰는 편이었지만, 스웨덴에서는 휴가와 퇴근 후에 시간이 너무 많아서 시간 활용에 대한 고민이 필수다. 스웨덴에 와서야 직장생활과 쉼의 진정한 의미와, 그에 따른 순기능에 대해서 알게 되었다.

회사 내 카운슬러 제도

::

직장생활을 하면서 자신이 성장하고 있다고 생각하기는 쉽지 않다. 또 성장할 수 있는 기회를 찾기도 어렵다. 자신이 성장하고 있고 뭔가 이뤄내고 있다는 성취감을 느낀다면 본인의 노력, 좋은 시스템, 좋은 동료들과 함께하고 있기 때문이 아닐까 생각한다.

내가 속한 조직에서는 카운슬러 제도가 활발히 운영되고 있어서 한 달에 한 번씩 카운슬러와 만나 대화한다. 대화 주제는 '너 요즘 행복하니?' '더 일해보고 싶은 영역이 있니?' '너희 가족은 잘 적응하고 있니?' '이번 주말에 이런 축제가 있는데 가보면 좋을 것 같아' 등 아주 다양하다.

특히, 개인의 성장과 기회라는 주제로 많은 얘기를 하게 되며 내부 프로젝트나 외부 프로젝트 중에서 본인이 참여하고 싶은 프로젝트에 대한 의견을 적극적으로 개진할 수 있다. 의견 개진만 할 수 있고 실제로 결과로 이어지지 않으면 무의미하겠지만 실제로 이런 의견 개진은 장려되고 결과물로 나타나는 경우가 많다.

스웨덴도 컨설팅업의 측면에서 보면 영국과 미국에 비해 주류는 아니기 때문에 주니어 직급의 동료들은 미국, 영국 등 트렌드를 선도하는 국가들로의 이동을 지향한다. 카운슬러에게 이러한 내용을 얘기하면 카운슬러가 미국 또는 영국에 아는 동료들에게 연락해서 연결해주는 경우도 종종 봤다. 이 부분은 특히 현재 재직 중인 회사가 글로벌 체제를 갖추고 있기 때문에 가능하다고 생각한다(물론, 이동의 결과는 본인의 실력이 좌우하며 상호간의 필요가 맞아야 한다).

한국에서의 근무시간이나 근무조건 등을 설명하며 농담으로 주니어 동료들에게 극한 체험을 맛보기 원한다면 한국에 자리를 소개해 줄 수 있다고 하면 손사래를 치면서 괜찮다고 한다.

한국과 스웨덴의 가장 큰 차이

::

한국은 갑-을, 상-하 관계가 명확하고 지식산업에 대한 존중의식이 거의 없기 때문에 컨설턴트와 일하긴 하지만 클라이언트가 나를 존중한다는 느낌을 받기는 힘들다. 한국에서는 프로젝트 기간 중 클라이언트가 수시로 무리한 요구를 하고(경쟁사의 구체적인 현황 등을 제시하면서), 보고서 작성에도 형식을 중요시하기 때문에 그 부분을 신경 쓰다 보면 많은 시간을 허비하게 된다. 다른 한편으로는 각종 회식이나 학연·지연 등의 인맥 덕분에 클라이언트와 가까워질 기회가 많으며 새로운 관계 형성에 많은 도움이 된다.

스웨덴에서 6개 클라이언트와 일해본 경험을 바탕으로 얘기하자면, 스웨덴에서는 일반적으로 아무리 직급이 낮다고 해도 컨설턴트를 존중해주는 분위기를 느낄 수 있다. 또한 최초에 합의된 업무에 대해서만(또는 추가적으로 합의된) 결과를 전달하면 되기 때문에 부가적인 업무에 크게 시간을 투자하지 않아도 된다. 보고서 작성도 담겨 있는 내용이나 메시지를 중요하게 생각하기 때문에 옆줄, 앞줄, 색깔 등을 통일하는 데 많은 시간을 사용하지 않는다(물론, 한국에서의 습관으로 나는 이 부분에 대해서는 아직 다 내려놓은 상태는 아니다).

보고서 작성과 관련해 같이 일하는 컨설턴트에게 "보기 좋은 떡이 먹기도 좋다"라는 속담을 영어로 소개할 정도로 이곳 사람들은 형식에 크게 신경 쓰지 않는다.

업무 성과에 대한
피드백은 서로에게 필수

∷

한국에서는 긍정적이든 부정적이든 피드백을 주는 것(상급자-하급자, 하급자-상급자)에 대해서 중요하게 생각하지 않았던 것 같다. 긍정적 피드백을 받게 되면 겸손해야 한다는 생각 때문에 "아닙니다. 제가 뭐 한 게 있나요"라는 식의 반응을 해야 하고, 긍정적인 피드백을 받기 위해서 "내가 ~부분은 잘했어요"라고 먼저 얘기하기도 매우 어려웠다. 사실 개인의 성장을 위해서는 긍정적 또는 부정적 피드백을 교환하는 것이 매우 중요한 일이다.

스웨덴에 와서 가장 어려웠던 점 중 하나는 항상 같이 일하는 동료의 업무 성과에 대해 생각해야 하고, 긍정적 또는 부정적 피드백을 주기적으로 교환해야 한다는 점이었다. 기본적으로 피드백을 교환할 때는 구체적인 예를 들어야 하기 때문에 동료와의 피드백 교환을 위해서 수시로 메모했던 기억이 있다. 실제로 지난 1년 동안 진행했던 프로젝트에서도 매주 금요일 30분 동안 한 주의 업무 성과에 대해서 피드백을 교환하는 시간이 있었고, 짧지만 의미있는 시간으로 만들기 위해 노력했다.

스웨덴에 와서 라트비아의 수도인 리가에서 노르딕 국가(스웨덴, 노르웨이, 덴마크, 핀란드) 컨설팅 본부 전원을 상대로 3박4일 동안 교육을 진행했었고, 스웨덴 컨설팅 본부 팀만 따로 3박4일 동안 한 차례 더 교육을 받았다. 교육 때마다 빠지지 않았던 주제가 바로 피드백 교환의 중요성이었고, 실제로 프로젝트 기간 중 상호간에 피드백을 하고 부정적인 부분을 보완해나가는 것이 상당히 의미 있는 과정이었다.

스웨덴어 할 줄 아니?

::

스웨덴은 모국어인 스웨덴어가 있지만 일반 회사원과 가게 점원, 택시기사 등을 포함해 생활 영어를 구사하지 못하는 사람은 거의 없다. 스웨덴처럼 모국어가 따로 있지만 전반적으로 영어가 통용되는 나라로는 가깝게 네덜란드가 있다. 해외취업을 위한 가장 기본적인 요건이 언어이므로, 어느 나라를 생각해도 영어로 일상생활과 업무를 할 수 있는 능력은 필요하다.

현재는 회사 지원으로 스웨덴어를 못하는 동료들끼리 스웨덴어 수업을 받고 있다. 또한 정부에서 운영하는 이민자를 위한 스웨덴어 학교가 무료로 운영되고 있는데 강사나 같은 반 사람들에 따라서 수준이 좌우되는 경우가 많은 탓에 차라리 수강료를 내고 다른 학교(한국으로 치자면 방송통신대 정도)를 다니는 것이 효과적이다.

나는 스웨덴어를 못하기 때문에 영어로 일할 수 있는 프로젝트만 수행하고 있다. 지난 1년 동안 프로젝트를 진행하면서 주로 관리자나 CFO에게 보고하는 경우가 많았는데 프로젝트 초반에는 내가 원하는 바를 영어로 모두 전달할 수 있을지에 대해 걱정이 많았다. 프로젝트 진행 중에는 하루에 회의가 많게는 8개까지 있는 날도 있어서 노트에 미리 언급해야 할 메시지들은 적어놓고 진행했었다. 다행히 시간이 갈수록 영어에 대한 부담은 줄어들었지만 예상치 못한 질문에 답변할 때는 긴장하기도 했다.

전 직원 대상 메일이 스웨덴어로 오는 경우도 있고, 스웨덴 동료들과 더 친밀한 관계를 형성하기 위해서라도 스웨덴어를 배워야 하는데 발음도 쉽지 않고 문법적 규칙도 많아서 짧은 기간 안에 습득하기에는 쉽지 않은 언어라고 생각한다. 다만, 영어와 비슷한 단어들이 많아서 대충 문장을 보면 무슨 내용인지 유추 가능한 경우도 있다. 완벽한 현지 적응을 위해서 현지 언어 습득은 노력해야 할 부분이다.

나는
해외에서
먹고산다

언어와 오픈 마인드는 기본 조건

::

아주 당연한 얘기지만, 해외에 있는 한국 회사의 법인에 취업하려 해도 기본적으로 영어로 소통할 수 있어야 한다. 하물며 해외 현지 회사로 취업하기 위해서는 기본적으로 영어를 할 수 있거나 현지 언어로 소통할 수 있어야 한다. 이미 회사에서 영어로 업무를 진행하는 사람들이라면 관계 형성에 도움이 되는 회화와 회의 진행과 관련된 부분을 보완하면 될 것이다. 나는 영어로 일상적인 대화가 자연스러운 상황임에도 불구하고, 보다 친밀한 관계 형성을 위한 회화는 여전히 부족하다는 생각이 든다. 이것은 업무 영어와 달리 단시간에 극복되지 않는 부분이라 해외취업을 생각하고 있다면, 장기적으로 계획을 세워서 접근할 필요가 있다.

언어와 함께 강조하고 싶은 것은 바로 오픈 마인드다. 현재 내가 소속되어 있는 팀은 스웨덴, 인도, 우크라이나, 포르투갈, 이탈리아, 미국, 프랑스, 스페인, 한국 등 다국적 사람들이 근무하고 있다. 다양한 국적의 다양한 문화가 공존하는 곳에서 생활하기 위해서는 업무 방식, 생활 스타일 그리고 사고방식에 대한 오픈 마인드는 필수 요소다. 다양한 문화에 대한 수용과 존중 없이는 조직에 적응할 수 없고, 조직에 적응할 수 없으면 결국 부정적 성과로 나타날 것이기 때문이다.

모든 경험은 곧 자산

::

스티브 잡스의 2005년 스탠퍼드대학교 졸업식 축사의 내용 중 'Connecting the dots'에 대한 내용이 나온다. 실행했을 당시에는 보잘것없는 일이라고 여겨질지라도 어느 순간 보면 작은 행위들이 상호 연결되어 있고 이를 바탕으로 성과를 만들 수 있다는 내용이다.

나의 해외취업 과정을 떠올려보면 그 말에 전적으로 공감한다. 첫 직장에서부터 해외근무를 하고 싶어서 동료들에게 표현했던 일, 재직 동안에도 끊임없이 관심 있는 회사 채용공고를 확인하고 지원했던 일, 짧은 시간 동안 여러 번 이직했던 일, 고민 끝에 MBA를 진학했던 일, 회사 일정에 없던 영국 출장을 만들어가서 갔던 일 등 당시에는 연결되지 않는 일들이었지만 지나고 보니 여러 가지 노력들이 밑거름이 되어 바라던 해외취업을 하게 된 것이 아닌가 싶다.

해외취업을 생각하거나 준비 중인 사람들도 자신이 관심을 가진 분야에서 여러 활동들을 하고 기본적인 조건을 준비하면 분명히 좋은 기회가 올 것이라고 생각한다. 본인이 준비하고 있는 분야와 관련된 취미도 좋고, 남들은 이상하다고 여기지만 본인만의 장점이 되는 일들도 좋고, 잦은 이직도 나쁘지 않다고 생각한다. 그런 경험들이 모여 작게는 자신의 스토리텔링의 소재가 될 수 있고, 크게는 원하는 해외취업으로 이어질 수 있다고 생각한다.

마지막으로 해외취업의 성공률을 높이기 위해서 졸업 후 바로 해외취업의 문을 두드리는 것보다는 국내에서 본인이 관심 있는 분야 또는 회사에서 최소 3년 이상의 경력을 쌓으면서 해외취업에 대한 준비를 하는 것이 효과적이라고 생각한다. 나의 경우, 조금은 특이한 경로로 해외취업을 하게 되었지만 가장 기본적인 준비는 동일할 것이다. 앞에서 이야기한 기본적인 부분들을 고려해서 지속적으로 충분하게 준비한다면 해외취업의 문은 누구에게나 열려 있다.

America

김정준(미국)

- (현) 어플라이드 머티어리얼즈(Applied Materials) 본사 산타클라라라
- 어플라이드 머티어리얼즈 오스틴
- 어플라이드 머티어리얼즈 코리아

희망을 현실로 이루다

동경의 땅 미국에서 취업하다

꿈을 꿔야 이뤄진다

∷

2014년 9월 가족들과 함께 미국 땅을 밟기 전까지 해외 거주는 물론 어학연수를 포함한 해외 유학 경험이 전무했다. 그런 내가 어떻게 이곳 실리콘밸리까지 오게 되었을까? 젊은이들이 미래를 계획하는 데 조금이나마 도움이 되기를 바라는 마음으로 그 과정을 공유하고자 한다.

나는 현재 글로벌 No.1 반도체 및 디스플레이 장비회사의 실리콘밸리 본사 FP&A(Financial Planning & Analysis) 부서에서 근무하고 있다. 소비재를 다루는 회사가 아니기에 일반인들에게는 생소한 외국계 회사이지만 매년 꾸준히 10조 이상의 매출을 올리고 있고 한국 법인에도 1,000명 이상의 직원이 근무하는 회사다.

군 제대 후 대학교 3학년을 마치고 인턴을 알아보고 있던 중 회계 법인에 근무하던 대학 선배를 통해 현재 회사(한국 법인)를 소개받았다. 마침 집과 멀지 않은 곳에 사무실이 위치하고 있었던 까닭에 큰 고민 없이 간단한 인터뷰 후 6개월 인턴 계약서에 사인을 했다. 6개월 후 인턴 계약을 6개월 연장하였고 그후 또다시 정규직 제안을 받아 대학교에서의 마지막 1년과 사회생활의 처음 1년을 병행하게 되었다. 이렇게 우연한 기회에 시작된 현재 회사와의 인연이 벌써 만 10년이 지났고 그 기간 동안 한국(분당)에서 7년, 오스틴(텍사스 주)에서 2년을 거쳐 2016년 11월부터 현재까지 산호세에 위치한 실리콘 밸리 본사(캘리포니아 주)의 FP&A 부서에서 근무하고 있다. 인턴으로 근무하던 당시를 돌이켜보면 정말 많은 고민을 했었다. '두 번째 인턴 계약 vs 6개월 해외 단기연수', '정규직 vs 정상적인 학교생활' 그리고 '이름도 생소한 외국계 vs 대기업 or 은행' 등 미래를 결정하는 중요한 선택을 내려야 했던 시기였다. 아마 지금도 많은 사람들이 나와 비슷한 고민을 하고 있으리라 짐작된다.

당시 조언을 구했던 선배와 친구들이 나의 선택에 대해 "왜?"라고 물었다. 아직도 큰 차이가 없다고 생각하지만 내가 대학교를 졸업하던 2000년대 후반에도 경영학을 전공한 주변 친구들은 당연히 대기업과 은행이 직장 선택의 우선순위였고 몇몇 친구들은 마이크로소프트 인텔 그리고 IBM 등 '잘나가는' 외국계 기업에 취업하고자 했

나는
해외에서
먹고산다

다. 지금 돌이켜보면 그런 와중에 이름 한 번 들어보지 못한 외국계 기업의 회계부서를 선택한 나에게 그런 질문을 던진 건 당연했다. 그 때마다 나의 대답은 항상 똑같았다. "실리콘밸리 본사로 가고 싶어서 선택했다." 1년의 인턴 기간 동안 실제로 한국 법인에서 미국 본사로 옮겨가는 직원들을 보면서 막연하게 나도 언젠가는 본사로 갈 수 있으리라는 희망을 가졌다.

물론 미국으로 오기까지 7년이라는 시간이 걸렸지만 결국 그 희망이 현재는 현실이 되었고 내가 미국에 온 후로도 10명 남짓한 한국 법인의 회계부서에서 2명의 직원이 현재 오스틴으로 발령받아 근무하고 있다. 그 사이 한국 법인에서 미국 본사와 해외 법인으로 옮겨간 영업 및 엔지니어 부서 직원은 2명보다 훨씬 많은 숫자다. 물론 어학연수, 유학 혹은 해외 인턴 경험이 있다면 더 많은 기회가 있을 수 있겠지만 나처럼 커리어패스를 통해서도 얼마든지 해외취업의 가능성이 있음을 알려주고 싶다.

동경으로 시작한 기대감과 목표

::

어렸을 때부터 막연하게 미국이라는 나라에 대해 관심을 넘어 동경하는 마음이 있었고 성인이 된 이후에는 유학이나 취업이 아니더라도 미국이라는 나라를 경험해보고 싶은 마음을 항상 품고 있었다. 이런 마음가짐은 나를 지금 이곳으로 이끌어준 가장 큰 원동력이 되었다.

1년의 인턴 근무 후 정규직을 제안받았을 때 가장 많이 고민했던 부분 중 하나가 바로 옳은 선택을 했다는 확신을 갖는 것이었다. 주변의 거의 모든 친구들은 선배들이 그래왔듯이 대기업이나 은행으로의 취업을 선택하고 준비하고 있었기 때문에 내가 고민하는 부분에 대해 실질적인 조언을 해줄 수 있는 사람이 없었다.

게다가 소비재가 아닌 기술 기반의 장비회사였기 때문에 이제 막 사회생활을 시작하려고 하는 경영학 전공자로서 회사가 전체 산업에서 어느 정도의 위치를 차지하고 있고 향후 전망은 어떤지 정확히 파악하기가 쉽지 않았다. 회사의 네임밸류 역시 고민거리 중 하나였다.

지금은 매년 10조 원 이상의 매출을 올리고 한국 법인에만 1,000명 이상의 직원이 근무하고 있는 글로벌 No.1 반도체 및 디스플레이 장비회사에 다닌다는 큰 자부심을 가지고 있지만, 당시에는 일반인에게 생소한 외국계 기업이라는 점이 누군가를 만났을 때 당당하게 명함을 내밀 수 있을지 고민하게 만들었다. 지금 생각해보면 너무나도 우스운 고민거리였지만, 세상물정 모르던 당시에는 회사의 인지도만을 기준으로 '잘한 취업'과 '못한 취업'을 구별하려고 했었다. 하지만 결국 지금의 회사를 선택한 가장 큰 이유는 1년 동안 인턴으로 회사를 경험하면서 알게 된 '기회'의 크기였다.

한 달 정도의 고민 끝에 회사에 남아 정규직이 되기로 결정을 내리고 본격적으로 업무를 시작하면서 모든 고민과 걱정은 금방 사라졌다. 물론 바쁜 회사생활에 쫓겨 더 이상 시간적인 여유가 없었기 때문이기도 하지만 무엇보다 업무 자체가 상당히 재미있고 매력적이었다. 대기업이나 은행과는 다르게 회계부서의 직원이 10명 내외로 많지 않았기 때문에 신입사원 때부터 다양한 업무를 경험할 수 있었고 개인의 역량과 의지에 따라 차이는 있겠지만 하나의 프로젝트나 프로세스를 처음부터 끝까지 진행할 수 있다는 자체가 책임감과 흥미를 불러일으켰다.

자연스럽게 회사는 물론 반도체 및 디스플레이 장비산업 전반에 대해서도 좀 더 이해할 수 있게 되었다. 외국계 기업인만큼 해외 영업 파트가 아님에도 불구하고 실리콘밸리 본사를 비롯한 전 세계 여러 나라의 직원들과 같이 일할 수 있는 기회도 많아서 콘퍼런스와 메일 등을 통해 영어에 많은 시간 노출될 수 있었다. 중요한 의사결정이 대부분의 핵심부서가 있는 실리콘밸리 본사에서 진행된다는 단점이 있지만, 앞에서 말한 것처럼 내가 직접 경험하고 느낀 것은 분명 외국계 기업이 갖고 있는 큰 장점 중 하나일 것이다.

특히, 영어에 많은 시간 노출될 수 있다는 점은 영어권 국가로 해외취업 및 이주를 생각하고 있는 나에겐 더 없이 좋은 기회였다. 동시에 업무 외적으로 동아리 활동 및 회식을 통해 회사 내의 다양한 사람들을 만날 수 있었다. 실제로 한국 법인에서 해외로 옮겨 근무 중인 직원들을 만나 해외 재배치(international relocation) 프로그램에 대한 정보를 좀 더 구체적으로 들을 수 있었다. 물론 대부분이 영업 · 마케팅 및 엔지니어링 부서 직원이었지만 그래도 그러한 프로그램이 존재한다는 사실이 언젠가는 나도 한국이 아닌 다른 나라에서 근무할 수 있다는 기대감과 목표를 갖게 했다.

기다렸다면 오지 않았을 기회

∷

회사 내 사업부 조정 및 외부 회사와의 인수 · 합병에 따른 시스템 통합 작업을 위해 실리콘밸리 본사로 출장을 다녀올 기회가 여러 번 있었다. 그 기간 동안 콘퍼런스와 메일로만 일해왔던 본사 및 해외 직원들과도 얼굴을 맞대고 일하며 친분을 쌓을 수 있었다. 출장을 통해 쌓은 친분은 분명 나의 해외 재배치에 큰 도움을 줬고 나중에 오스틴 사무실에서 실리콘밸리 본사로 옮기는 데도 큰 역할을 했다. 다시 말해 관계의 중요성은 동서양을 막론하고 아무리 강조해도 지나치지 않은 것 같다. 당연히 회사의 입장에서는 개인의 업무평가가 직원에게 해외 재배치의 기회를 부여하는 첫 번째 조건이지만 동료 직원의 긍정적인 피드백 및 내부 추천 역시 업무평가 못지않게 중요하다.

그렇게 남들과 크게 다르지 않은 평범한 회사생활을 하면서 지내던 중 2014년 봄 본사 회계부서의 한 자리에 채용 공고가 난 것을 확인하고 무슨 생각에서였는지 채용을 담당했던 본사의 매니저에게 미국 이외의 국가 직원에도 관심이 있는지를 물어보는 메일을 썼다. 채용 담당 매니저 입장에서는 그냥 무시할 수도 있었던 짧은 메일이었지만 오랜 시간 같이 일해왔던 친분 때문이었는지 친절하게 이런 답장을 보내왔다.

"주기적으로 회계부서 내부의 해외 채용 공고를 모든 나라의 회계부서 직원과 공유하고 각 포지션별 해외 재배치 가능 여부를 알려주고 있다. 정말 미안하지만 그 포지션에는 이미 내정되어 있는 직원이 있다."

비록 거절의 내용이었지만 큰 기대를 하지 않고 보냈던 그 짧은 메일 하나가 결국 나를 미국으로 오게 만들 줄은 상상도 못했다. 답장을 받고 얼마 지나지 않아 대만에서 글로벌 매니저 미팅이 열렸고 메일을 주고받았던 본사의 매니저가 직원 경력개발(employee career development)과 관련된 회의를 하던 중 나와 주고받았던 이메일 이야기를 꺼냈다고 한다. 그 자리에서 어떤 내용으로 얼마나 많은 이야기를 나누었는지는 모르지만 미팅이 열린 후 얼마 지나지 않아서 오스틴 오피스의 회계부서에서 오스틴의 포지션에도 관심이 있는지 물어보는 연락이 왔다. 물론 실리콘밸리 본사는 아니었지만 일단 미국에서 일하고 싶다는 마음에 어느 도시인지는 크게 개의치 않았다. 그렇게 정규직 전환 후 7년이라는 시간이 지나 미국으로 올 수 있게 되었다.

누군가 먼저 나에게 "어디에 이런 자리가 있는데 한번 일해보지 않을래?"라고 물어보기를 기다렸다면 아마 나는 아직도 한국에서 근무하고 있었을지도 모른다. 가만히 기다리기보다는 짧은 메일 하나라도 먼저 보내는 등 적극적으로 꿈을 찾아나서는 사람에게 당연히 기회가 먼저 온다는 조언을 잘 새기고 실천한다면 언젠가는 해외에서 일할 수 있는 기회를 얻게 될 것이다.

영어 스트레스로 이방인처럼 살다
(정착기 6개월 ~ 1년)
::

회사의 도움으로 큰 문제없이 서류 및 비자작업을 마치고 2014년 9월 미국 텍사스주 오스틴이라는 도시에서 첫 미국 생활을 시작했다. 오스틴은 미국에서 두 번째로 크고 가장 보수적인 주로 알려져 있는 텍사스의 주도지만 아이러니하게도 미국에서 가장 자유로운 도시 중에 하나로 꼽히는 곳이다. 한여름에는 40도를 넘나들 정도로 덥고 다양한 알레르기로 고생하는 사람이 많은 곳으로도 유명하다.

오스틴에서 보낸 2년여의 기간을 생각해보면 처음부터 산호세 같은 큰 도시가 아니라 오스틴 같은 적당한 크기의 도시에서 미국 생활을 시작하길 잘했다는 생각이 들 정도로 매우 만족스러웠다. 무엇보

다도 사람들이 너무나 친절했고 맞벌이를 하지 않아도 경제적으로 큰 부담 없이 생활할 수 있었다.

물론, 시작부터 모든 것이 좋았던 것은 아니다. 우선, 아내와 당시 막 두 돌이 지난 첫째 아들은 태어나서 처음으로 미국 땅을 밟았고 나 또한 몇 번의 미국 출장과 여행을 제외하고는 미국이라는 나라에 대한 경험이 전무했다. 마트에서 장보는 일, 식당에서 밥먹는 일 같은 소소한 일에서부터 공공기관에서 사회보장번호(SSN, 주민등록번호와 비슷한 개념)를 발급받는 일, 자동차와 아파트를 계약하는 중요한 일에 이르기까지 쉬운 게 하나도 없었다. 한국에서는 최소한 큰 문제 없이 너무나 쉽게 해결할 수 있었던 일들인데 말이다.

회사생활도 역시나 시작은 어려웠다. 무엇보다도 하루 빨리 사무실 분위기에 적응하기 위해서 부단히 노력했다. 서로 얼굴은 알지 못했지만 한국에 있을 때부터 같이 일해왔던 직원이 여럿 있었고 한국에서도 사용했던 시스템들이라 익숙했지만 왠지 모르게 같은 팀의 팀원이 아니라 한국에서 출장온 이방인 같은 느낌이 들었다. 그런 어색함이 사라지기까지는 꽤나 긴 시간이 걸렸다.

무엇보다 하루에 최소 8시간은 영어로 생활해야 한다는 자체가 처음에는 정신적으로는 물론이고 육체적으로도 너무 힘들었다. 액셀이나 메일 등의 문서 작업은 그나마 대화가 필요 없고 혼자서도 충분히 고칠 기회가 있기 때문에 문제되지 않았지만, 영어로만 대화를 해야 하는 전화나 회의 등은 달랐다. 그야말로 처음 몇 개월 동안은 영어 듣기평가를 보는 심정으로 전화통화를 하고 회의에 참석했던 것 같다. 게다가 사람은 바뀌지 않았는데 영어 실력에서만큼은 한국에서의 나와 미국에서의 나에 대한 상대방의 기대수준이 다르다는 사실도 큰 스트레스였다. 그리고 100여 명 가까이 되는 오스틴 오피스 회계부서 직원 중 한국어로 대화를 나눌 수 있는 사람이 아무도 없다는 사실도 나를 힘들게 하는 이유 중 하나였다. 해외연수나 유학 경험이 있었다면 이런 어려움을 덜 겪었을지도 모른다. 하지만 그런 경험이 전혀 없던 나는 몸으로 부딪히며 시행착오를 겪는 과정이 무척이나 힘들었다.

물론 미국 생활을 시작한 지 4년이 지난 지금도 여전히 하루하루 새롭게 적응 중이지만 나와 나의 가족은 미국이라는 나라가 일상이 되기까지 거의 1년 정도의 시간이 걸린 것 같다.

"No"라고 말할 수 있다면
적응 끝(적응기 1~2년)
: :

미국에 정착한 지 1년 정도의 시간이 지난 후부터는 나와 가족의 미래 그리고 인간관계에 대해 많은 고민을 하게 되었다. 좀 더 구체적으로는 '미래의 삶의 터전'에 대한 고민이었다. 5년 후 혹은 10년 후 나와 나의 가족은 어디에서 어떤 모습으로 살고 있을까? 다시 한국으로 돌아갈지, 미국에 계속 머무를지, 아니면 한국도 미국도 아닌 제3의 나라에서 또 다른 경험을 쌓을지 하는 여러 갈림길에서 고민이 깊어질 수밖에 없었다. 그 결정에 따라서 우리가 집중하고 노력해야 하는 내용들이 너무나도 달라지기 때문이었다.

아내와 이 문제에 대해 아직도 많은 대화를 나누고 큰 틀에서는 어느 정도 결론을 내렸지만 결코 정답을 내리기가 쉽지 않은 문제임은 분명하다. 특히 가족과 함께 해외로 이주하는 경우는 더욱 그럴 것이다. 미국에서 알게 된 많은 가족들이 자녀 문제로 다시 한국으로 돌아가기를 망설이는 것을 보았다. 무엇보다 가족이 우선이긴 하지만, 살아가면서 마음 터놓고 속얘기를 나눌 수 있는 친구 역시 중요하다. 물론 오스틴에서 생활하는 동안 교회를 다니면서 가까워진 지인들도 있었고 친구의 소개로 알게 된 몇몇이 있지만 어렸을 때부터 알고 지낸 친구 같은 관계가 되기에는 시간이 부족했던 것 같다. 나와 나의 아내는 아직까지도 문화가 달라서인지 마음을 터놓고 이야기할 수 있는 외국인 친구를 사귈 기회가 많지 않았다.

업무적으로는 시간이 지나면서 점차 적응이 되었지만 회사 내에서의 사회적 관계 역시 쉽지 않았다. 한국에서는 술 한잔 하면서 가까워지는 경우가 많지만 오스틴 오피스에서는 그런 자리가 거의 없었기 때문에 '개인적인' 친분을 형성할 수 있는 기회조차 없었다. 대신 점심시간이나 커피를 마시는 휴식시간에 이런저런 이야기로 수다를 떨면서 친해지는데 수다의 주제 또한 나한테는 큰 도전이었다. 미국 4대 스포츠의(NFL 미식축구, MLB 야구, NBA 농구, NHL 하키) 연고지가 없는 오스틴에서는 대학 미식축구가 가장 인기있는 스포츠였는데, 대부분의 한국인이 그렇듯이 미식축구에 대한 정보도 없을 뿐만아니라 미국에서 대학을 나오지 않은 나로서는 대화에 참여하기가쉽지 않았다.

"No"라고 이야기할 수 있는 업무 문화도 아직까지 적응하기 어려운 것 중 하나다. 한국적인 정서가 몸에 배어 있는 나는 같은 팀 동료뿐만 아니라 다른 팀 동료의 부탁에도 "No"라고 대답하기가 쉽지 않다. 회계연도 마감을 위해 대부분의 직원이 야근을 하는 상황에서 같은 팀 직원이 매니저한테 오늘 야근은 힘들다고 '당당하게' 이야기하던 모습이 아직도 생생하다. 물론 저녁 늦게 집에서 일을 했지만 나는아직도 그런 상황에서 매니저한테 "No"라고 말하기보다는 아내한테늦는다고 양해를 구하는 편이다. 오스틴에서 받은 두 번의 성과평가에는 항상 "Say No when needed"라는 내용이 포함되어 있었다.

나에게 맞는 도시는
따로 있다(생존기 변화기 2년 ~)
∷

이번에는 미국 취업 시 발급받는 일반적인 비자에 대해 간단히 설명하려고 한다. 같은 회사에서 근무지만 다른 곳으로 옮겼던 나는 L

비자를 발급받아 미국에서 일을 시작했다. L비자는 대부분의 대기업 주재원들이 발급받는 비자로 보통 5년 동안 유효하고 그후로 연장은 쉽지 않다. 주재원 비자이기 때문에 L비자를 가지고 있는 동안은 이직이 불가능하다. 다음으로 H비자가 있는데, 이는 현지에서 외국인을 채용할 때 사용하는 비자다(해외 유학 후 미국 현지에서 직접 채용됐을 경우 발급받는 비자). 1년에 한 번 추첨을 통해서 비자를 발급받고 추첨에 선택되면 최초 3년이 유효기간이며 다시 3년을 추가로 연장할 수 있다. 만약 추첨에 선택되지 않았을 경우 1년 후에 다시 추첨을 진행해야 한다. 고용주 보증으로 발급되는 비자이기 때문에 재발급의 경우를 제외하고는 이직이 힘들다.

그리고 L/H비자 외에 흔히 그린카드라고 하는 영주권을 발급받을 수 있다. 영주권은 보통 회사의 스폰서를 바탕으로 진행되는데 한국의 경우에는 최종학력 및 직급에 따라 차이가 있지만 보통 2~3년 정도의 기간이 소요된다. L/H비자가 발급되는 기간보다는 길지만 중국이나 인도 국민이 영주권을 발급받을 때 걸리는 시간에 비하면 상당히 짧다. 영주권을 가지고 있으면 L/H비자와는 다르게 이직이 가능하다. 나와 같은 경우는 최초 L비자를 발급받아 미국으로 왔고 3년이 지난 지금 H비자로 비자를 변경했으며 현재 영주권을 받는 절차를 진행 중이다.

2년 동안의 오스틴 생활을 마무리하고 나와 가족은 2016년 11월 본사가 있는 실리콘밸리, 캘리포니아주의 산호세로 다시 한 번 움직였다. 처음 한국에서 미국으로 옮기기로 결정했을 때보다 훨씬 더 많이 생각하고 고민했다. 개인적으로 업무만을 놓고 본다면 큰 고민이 필요 없었지만 가족의 적응 등 업무 외적인 부분을 고려했을 때는 쉽지 않은 결정이었다. 가장 큰 이유 중 하나가 바로 산호세의 살인적인 물가수준이다. 현실적으로 맞벌이를 하지 않고 산호세에서 오스틴과 비슷한 생활수준을 유지하기가 쉽지 않기 때문이다. 오스틴에서 산호세로 근무지를 옮기는 경우 일반적인 임금인상률은 물가인상률에 못 미치는 것이 현실이고 텍사스에서는 연방소득세(Federal Income Tax)만 납부했지만 캘리포니아에서는 추가로 주정부소득세(State Income Tax)까지 납부해야 하기 때문에 실질 임금인상률은 더 떨어진다. 산호세에서의 생활은 한마디로 팍팍함 그 자체다. 오스틴에서 살던 아파트보다 더 작고 지은 지도 더 오래된 아파트지만 월세는 두 배 이상이고, 심지어 판매세(Sales Tax, 한국의 부가세와 비슷한 개념)도 오스틴보다 더 높았다. 출퇴근 시간에는 한국만큼 차가 막히고 심지어 대중교통은 한국과 비교가 되지 않을 정도로 열악하다.

내가 산호세로 이사를 간다고 했을 때 오스틴에 있던 많은 지인들이 "그 동네 쉬운 동네가 아니다"라고 했던 이야기가 1년이 지난 지금 정말 피부에 와닿는다. 물론 단점만 있는 건 아니다. 캘리포니아의 비싼 물가와 세금은 모두 날씨 때문이라고 이야기할 정도로 날씨가 너무 좋다. 오스틴에 비해 한국을 비롯한 아시아 커뮤니티의 규모가 크고 무엇보다도 오스틴에는 없는 한국 직항 비행기가 있다. 또

3~4시간 운전만으로 산이든 바다든 어디라도 갈 수 있는 완벽한 지리적 조건도 갖추고 있다.

업무적으로는 물론 담당하는 직무 자체의 차이도 있지만 전반적인 분위기가 오스틴보다는 좀 더 역동적이라는 느낌을 많이 받는다. 아마도 실리콘밸리 한가운데에 위치해 있고 오스틴보다는 좀 더 다양한 국적의 직원들이 모여서 일하고 있기 때문인 듯하다.

하지만 그만큼 회사 내에서의 경쟁도 심하다. 말로만 듣던 스탠퍼드대학교나 U.C. 버클리 출신의 직원과 그것도 한국어가 아닌 영어로 경쟁을 하기는 여간 어려운 일이 아니다. 살인적인 물가에도 불구하고 많은 사람들이 실리콘밸리에 오고 싶어하는 이유 중 하나가 바로 취업시장(job market)이다. 뉴스나 신문기사로만 접하던 회사에 실제로 도전할 수 있는 곳이 바로 이곳 실리콘밸리다.

물론 지금까지 4년이 가까이 되는 기간 동안 두 곳을 경험했지만 정말 서로 다른 나라라고 해도 과언이 아닐 정도로 오스틴과 산호세는 너무나도 다르다. 아마도 뉴욕, 보스턴 등 동부에 있는 도시는 내가 지금까지 경험한 도시와는 분명 또 다른 느낌일 것이다. 미국으로의 취업 혹은 이주를 생각하고 있다면 미국이라는 나라를 다른 나라와 비교해보는 것도 중요하지만 미국 내에서도 어느 도시가 나와 가족에게 맞을지에 대해서도 분명 생각해봐야 한다.

외국계 기업 취업에 도전하기

::

해외취업이나 이민을 생각하고 있는 사람이라면 흔히 대기업 취업 후 주재원 발령이나 해외연수 또는 해외유학 후 현지 취업을 염두에 둔다. 하지만 이 글을 통해서 나와 같은 방법으로도 해외에서 직장생활을 할 수 있는 기회가 얼마든지 있다는 걸 알려주고 싶다. 외국계 기업도 충분히 고려해볼 만한 메리트가 있다는 얘기다. 특히 반도체나 디스플레이 관련 전공자라면 더더욱 추천하고 싶다. 마이크로소프트, 인텔, IBM 등 누구나 이름만 들어도 아는 외국계 기업에만 관심을 가질 것이 아니라 내가 다니는 회사처럼 국내 인지도는 높지 않지만 회사 규모와 해당 산업 분야 내 인지도에서 결코 뒤지지 않는 글로벌 기업의 한국 법인으로 눈을 돌려보면 생각보다 쉽게 해외진출의 길이 열릴 수 있다.

한국에 비해 외국인들의 취업에 관대한 미국이나 유럽 등에 본사를 두고 있는 회사라면 더욱 좋다. 일정 수준 이상의 업무 성취도만 있다면 해외 본사나 한국 이외의 해외 지사로 나갈 기회를 훨씬 쉽게 얻을 수 있기 때문이다. 실제로 미국에서 4년 가까이 살면서 나처럼 미국에 정착한 사람들을 주재원이나 해외취업자만큼 많이 만났다.

외국계 기업의 한국 법인에서 일하면서 사내 분위기나 업무방식 등을 미리 경험해보는 것 역시 실제 해외취업의 꿈을 이루고 새로운 환경에 적응할 때 많은 도움이 될 것이다.

미리 미국 문화를 공부해두면
적응하기 편하다

∷

　가고 싶은 나라의 언어를 습득하는 것은 아무리 강조해도 지나치지 않다. 업무에 필요한 언어는 물론이고 실제 생활에 필요한 언어에 대한 준비도 필요하다. 특히 가족이 같이 이주하는 경우는 더더욱 중요하다. 가족들이 편안하게 생활할 수 있어야 본인도 회사생활에 집중할 수 있기 때문이다. 언어뿐만 아니라 그 나라와 도시의 문화에 대해서도 관심과 공부가 필요하다. 앞에서도 이야기했듯이 미국을 꿈꾸고 있다면 미식축구에 대한 이해가 필요하고 유럽을 생각하고 있다면 축구에 대한 이해가 필요하다.

　해외취업이나 해외이민의 기회는 언제 어디서 어떻게 찾아올지 모른다. 따라서 내일이 아니라 오늘부터 작은 것 하나라도 준비하는 것이 꿈을 이루는 날을 내일이 아닌 오늘로 만드는 시작인 것 같다. 여러분이 지금 꾸고 있는 꿈을 준비하고 실현하는 데 나의 경험이 조금이나마 도움이 됐으면 하는 바람이다.

부모가 아이들의 공부를
돕는 게 아니라 함께 공부하기

● 나처럼 가족이 있는 경우 분명 자녀교육이 해외취업 및 이주의 큰 이유 중 하나일 것이다. 미국에 온 지 6개월 정도가 지났을 때 처음으로 큰 아들을 미국 유치원에 보내기 시작했는데 그때의 경험은 지우고 싶은 기억 중 하나다.

영어를 한마디도 못하는 아들을 미국 유치원에 보내는 부모 마음은 아마 경험해보지 못하면 이해하기 힘들 것이다. 화장실 불을 어떻게 켜야 하는지를 영어로 물어보지 못해서 깜깜한 화장실에서 소변을 봤다는 아들의 이야기를 들었을 때는 정말 눈물이 핑 돌았다.

아이들이 영어에 익숙해지고 완벽하게 사용하게 되기까지는 우리가 흔히 들어왔던 것보다 오랜 시간이 걸린다. 물론 개인차가 있겠지만 집에서는 한국어를 사용하고 학교에서는 영어를 사용하는 이중언어 환경에서 누군가 말하는 것처럼 "애들은 6개월에서 1년이면 충분해"라는 말은 잊어버리는 것이 좋다. 당연히 아이들의 영어 실력은 한국에서 영어를 배우는 아이들보다 뛰어나겠지만 그렇게 되기까지의 과정이 아이들의 성격 형성에 어떤 식으로 작용할지는 아직도 의문이다. 어린 나이에 어려운 환경을 잘 이겨냈기에 다른 아이들보다 씩씩하고 적극적인 아이가 될지 아니면 영어가 익숙해지기까지 받았던 스트레스 때문에 내성적이고 소극적인 아이가 될지는 아무도 모르는 일이다. 그리고 부모가 미국에서 정규 교육을 받지 않은 이상 아이들의 공부를 도와주는 데 한계가 있다. 미국 부모들은 너무나도 쉽게 부르는 미국 동요나 미국 역사에 대해서 아이가 물어볼 때는 참 막막하기만 하다. 따라서 이곳에서는 아이들의 공부를 도와주는 게 아니라 아이들과 함께 공부한다는 마음가짐이 필요하다.

만족스럽지 않은 부분은
말로 직접 표현하기

● 가족이 있는 경우 혼자 고민하고 결정하지 말고 꼭 아내와 같이 고민하고 결정하라고 조언하고 싶다. '미국 엄마'의 하루는 고되다. 한국과 달리 아이들을 직접 등하교시켜야 하고 아직도 많은 부모들이

도시락을 싸준다. 대부분 미국에 부모님이나 다른 가족이 없기 때문에 1년 365일 하루도 쉬지 못하고 아이들을 돌보고 집안일을 해야 한다. 남편이 도와주기는 하지만 그래도 부족하다. 물론 어쩔 수 없이 서로에게만 의지하다 보니 부부가 둘도 없는 친구 사이가 되는 긍정적인 경우도 있지만, 예상하지 못했던 여러 문제에 제대로 적응하지 못하고 생각보다 일찍 돌아가는 가정도 종종 보았다.

그리고 겸손은 미덕이 아니다. 현역으로 군대를 다녀오고 한국에서 사회생활을 시작한 토종 한국인인지라 아직도 이 부분은 적응하기 쉽지 않다. 대부분의 한국 직장인은 매년 인사평가서를 받으면 내용에 상관없이 "감사합니다. 내년에는 더 열심히 하겠습니다"라고 이야기하지만, 이곳에서는 자기의 생각을 확실하게 매니저한테 표현해야 한다. 승진을 하려면 어떻게 해야 하는지, 매니저가 되려면 어떻게 해야 하는지 인사권자인 매니저한테 확실히 표현하는 것이 너무나도 당연한 문화다. 오히려 그렇지 않으면 매니저는 내가 현재의 직급과 직무에 만족하고 있다고 생각한다.

Singapore

이태훈(싱가포르)

- (현) 피델리티 인포메이션 서비스 싱가포르 법인 프로젝트 매니저
- 피델리티 인포메이션 서비스 싱가포르 법인 제품 지원 엔지니어
- 피델리티 인포메이션 서비스 한국 법인 기술 계정 매니저

무엇이 되고 싶은지
먼저 상상해라

아시아 금융의 중심지, 싱가포르에서 꿈을 펴다

미래는 상상하는 만큼
길이 열린다

::

남들과 비슷한 유년기를 보내고 성적에 맞춰 집에서 가까운 대학의 학부에 들어갔다. 대학 졸업 후 집 근처에 있는 중소기업에 취직하고 남들과 똑같은 삶을 살 것만 같았다. 그러던 어느 날 나처럼 평범하게 지내던 같은 학과 형이 돌변하는 걸 보게 되었다. 그 형은 전국연합동아리에 소속되어 있었으며 각종 토론대회에 나가서 상을 타기 시작했다. 형의 모습을 보면서 자극을 받았고 인생에 대해 더 많은 고민을 하게 되었다. 나는 정말 남들처럼 평범하게 살 것인가 하는 질문을 스스로에게 던지면서 내가 향후 무슨 일을 하고 싶은지 머릿속으로 그리게 되었다.

나의 전공인 경영정보학은 10년 후 무엇을 하면서 살아갈지 상상하는 데 많은 도움이 되었다. 회의실에 앉아서 아시아 각국의 동료들과 현재 우리 기업이 가지고 있는 문제점에 대해서 회의하고 우리가 가지고 있는 IT기술을 통해서 그 문제를 어떻게 해결할지 고민하는 나의 모습이 그려졌다. 상상은 날 더욱 설레게 만들었고 이런 모습을 실현하는 것이 나의 꿈이 되었다.

2018년 현재의 나는 내가 상상했던 것처럼 FIS(Fidelity National Information Services) 싱가포르 지사에서 프로젝트 매니저로서 외국계 투자은행들과 각종 프로젝트를 진행하고 그들이 아시아 시장에서 성공적으로 비즈니스를 할 수 있도록 도와주는 일을 하고 있다.

각자가 살아온 경험이 다르기에 꿈을 이루는 방법 또한 천차만별이다. 내가 어떤 과정과 실패를 겪었고 어떻게 극복했는지를 공유하면서 독자들이 자신만의 방법을 찾는 데 도움을 주고 싶다.

원하는 분야에서
회사생활을 시작하다

::

대학시절 동안 상상했던 꿈을 이루고자 4가지 역량에 집중했고 각 역량에 부합하는 결과를 하나씩 이뤄냈다.

IT 기술은 전자상거래 시스템과 채팅 시스템을 직접 만들어보면서 실무적인 역량을 쌓았고, 경영기술은 당시 유행했던 전국 규모의 각종 마케팅 대회에 참가해서 수상을 하였다. 또 영어 역량을 쌓기 위해 공모전에서 얻은 경험을 십분 활용해서 정부에서 진행하는 각종 해외 자원봉사에 참여했다. 영국의 자원봉사 비자를 받아 영국성공회의 후원으로 런던에서 생활하기도 했다. 전국연합동아리에 소속되어 내가 살고 있는 지역의 대표 자격으로 리더십을 발휘하는 경험도 쌓았다.

꿈을 가슴속에 품으면 그저 자신만의 꿈이 되지만 밖으로 끄집어내어 실체화시키고 각종 준비를 하면 현실에 가까워진다. 나아가 다른 이들도 나의 꿈에 공감하게 된다. 확실히 꿈은 사람을 설레게 하고 삶에 열정을 부여한다.

다른 이들이 나의 꿈에 공감하게 하려면 대학생활 동안 술을 마시면서 신세 한탄을 하기보다는, 확실한 계획을 세우고 실천하며 결과를 만들어야 한다. 현실은 아무런 결과물을 가지지 않은 이들에게 공감할 만큼 순진하지 않기 때문이다. 나는 대학생활 동안 이른바 확실한 근거의 산유물인 학벌이라는 것을 극복했고 2009년부터는 한국 언론에서 '신의 직장'이라고 소개되는 코스콤에서 직장생활을 시작할 수 있었다.

2009년 7월 대학교에서의 마지막 여름방학. 이제 내가 앞으로 일하게 될 회사를 찾아볼 시기였다. 러시아 교환학생을 막 다녀온 뒤라 정신이 없었지만 여름방학 때 일하게 될 인턴십을 검색하기 시작했다. 그때 내 눈에 띈 금융 공기업이 있었다. 해당 공기업인 '코스콤'은 IT 인력이 중심이고 한국거래소에서 거래하고자 하는 회원사들에게 금융솔루션을 제공해주는 회사였다. 당당하게 지원했고 면접관들에게 뚜렷한 인상을 남기고 합격했다. 남들과는 다르게 영어와 러시아어로 자기소개를 한 것이 주효했던 것 같다. 나의 이런 기행은 인턴 근무 부서를 배치받는 데 영향을 미쳤다.

2009년 8월부터 인턴으로 '코스콤'에 첫 출근을 했고 한국에 진출한 외국계 은행들이 많이 사용하는 금융솔루션을 주로 제공하는 부서에서 일하게 되었다. 인턴으로 각종 프로젝트를 수행하는 중에 나에게 개인 프로젝트가 하나 더 주어졌다. 당시 나는 금융 IT에 대해서 하나라도 더 배우려고 정직원들보다 일찍 출근하고 더 늦게 퇴근했었다. 이런 내 노력에 대한 결실로 나에게 주어진 프로젝트는 학습을 위한 프로젝트가 아니라 정말 주요한 프로젝트였다.

'코스콤'에서 인턴 생활을 한 지 3개월째인 2009년 10월 FIX Global이 한국에서 금융 IT 관련 국제행사를 진행했는데 내가 속한 금융 공기업이 한국 쪽 파트너로서 그 행사를 도왔다. FIX Global과 주기적으로 영어로 소통하며 한국에서 성공적으로 행사를 준비할 수 있도록 도왔다.

FIX(Financial Information eXchange)는 전 세계 증권시장에서 가장 널리 사용되고 있는 메시지 형식이다. 예전에는 한국거래소에 주문 메시지를 전달하기 위해서는 한국거래소의 양식에 맞는 메시지 형태로 변환해야 했다. 최근에는 가장 널리 사용되고 있는 FIX 메시지로 한국거래소에 주문 메시지를 전송할 수 있다. 전 세계 거래소도 FIX 메시지를 채택하는 추세로 바뀌고 있다.

FIX Global은 전 세계를 돌며 FIX 관련 최신 이슈에 대해서 토론할 수 있는 국제회의를 개최한다. FIX 메시지 프로토콜은 전 세계의 각종 증권거래 시스템 사용자들이 전 세계 거래소와 FIX 메시지라는 규격으로 좀 더 쉽게 의사소통할 수 있도록 도와주고 있다. 우리가 영어라는 메시지를 사용해서 전 세계인들과 손쉽게 의사소통하고 일할 수 있는 원리와 일맥상통하다.

국내 금융 IT기업에서
글로벌 IT기업으로 이직하다

∷

FIX Global 행사를 진행하던 중 현재 내가 일하고 있는 기업인 FIS(Fidelity National Information Services) 한국 오피스를 발견하였고 신입사원으로 지원했다. 1차 면접은 일반적인 면접으로 '왜 이 회사에 지원했는지'에 대한 질문이었고 내 이력에 대해서도 물어보았다. 글로벌 금융 IT 인재가 되는 꿈을 가지고 매일 매일 각국의 동료들과 회의하고 글로벌 회사들에게 솔루션을 제공해주는 일을 하고 싶었고 그 꿈을 이루고자 노력해왔다고 영어로 설명했다.

1차 면접이 끝나자 내게 영어로 된 제품 설명서를 주면서 2차 면접을 준비하라고 했다. 인턴 생활 중이라 시간이 없었지만 최선을 다해서 준비했고 2차 면접도 용기를 내어 잘 알지 못하는 제품에 대해 영어로 발표했다. 그 결과 당당하게 2010년 2월 글로벌 금융 IT기업인 FIS에 합격했고 2010년 3월부터 출근하게 되었다.

나의 업무는 한국에 진출한 외국계 투자은행 및 한국 투자은행들에게 한국어로 금융솔루션에 대해 기술지원을 하는 업무였다. 증권사는 고객들이 해당 증권사로부터 시세 정보를 받고 주문을 넣으면 그 주문은 증권사 주문 시스템을 거쳐서 각종 거래소로 전달되게 된다. 여기서 FIS는 국내외 거래소에서 시세를 받고 주문할 수 있는 시스템을 국내외 증권사에 제공하는 일을 한다. 나는 여기서 발생하는 시스템 장애 처리, 관련 프로젝트 진행 그리고 제품을 설명하는 한국 기술지원팀에 소속되어 있었다.

처음에 기대했던 몇 달간의 신입사원 교육은 일주일로 압축되었고 제품 공부와 교육이 끝난 후 바로 실전에 투입되었다. 업무를 하면서 필요한 지식을 스스로 공부했고 이해가 안 되는 부분은 해외에 있는 각국의 동료들에게 제품에 대해 문의해 각종 도움을 받을 수 있었다. 일분일초라도 빨리 시스템 장애를 처리해야 했기에 때론 한국어로 때론 영어로 고객으로부터 쓴소리를 들어야 했다.

해외 동료들과 친분을 쌓다

::

한 번도 본 적 없는 글로벌 매니저와 매주 영어로 주간 미팅을 하면서 업무 진행도에 대해 보고하고 조언을 들었다. 업무 이슈가 생길 때마다 해외 동료들과 가급적 많이 부딪히려고 노력했다. 이런 일련의 과정을 통해 스스로 해외에 노출되는 기회를 많이 만들었고 한국 관련 문제가 생길 때마다 글로벌 동료들이 나를 먼저 찾게 되었다. 예를 들어 내 업무 영역이 아닌데도 한국 업무에 대해 문의해오면 나는 적극적으로 내 시간을 할애해가며 그 동료가 일을 수행하는 데 문제가 없도록 통역을 포함해 각종 도움을 주었다. 또한 글로벌 동료들이 한국 오피스를 방문할 때마다 업무 후 개인적으로 시간을 내서 서울 이곳저곳을 안내해주기도 하였다.

한국에서 싱가포르로 이직하다

::

해외 동료들과 영어로 일하는 데 자신감을 얻은 나는 2011년 말 글로벌 매니저에게 해외에서 일하고 싶다는 관심을 표명했다. 그리고 곧바로 싱가포르 기술지원팀에 지원했고 마침내 그 팀에서 일하는 것으로 결정이 났다. 면접 때는 글로벌 매니저에게 아래와 같은 질문을 받았다.

나는
해외에서
먹고산다

"나는 너와 2년 동안 같이 일했고 너의 업무 능력에 대해서 정확히 파악하고 있다. 싱가포르 아시아 본사가 되면서 많은 기술 인력이 필요해서 네가 싱가포르에 도움이 많이 된다는 것을 알고 있다. 싱가포르에 오면 언어 문제로 성장하기 힘들 수도 있다. 그래도 받아들일 수 있니?"

다른 이들은 해외취업을 하면서 각 단계의 면접을 보고 많은 질문을 받았지만 나는 한국 지사에서 해외 동료들과 일하면서 보여줬던 성실함과 업무능력 덕분에 간단한 확인을 거치는 것으로 면접을 대신하게 되었다. 2012년 초반에 싱가포르 팀으로 이동해야 했으나 한국 지원팀에 공백이 많이 생겨 바로 실행해 옮기지는 못했다. 글로벌 매니저 주도하에 내 자리를 대신할 친구를 물색했고 한 명을 채용하게 되었다. 2012년 7월까지 후임자 교육을 진행했고 8월 한 달간의 준비기간을 거쳐서 2012년 9월 3일 스물아홉의 나이에 FIS 싱가포르 오피스로 첫 출근을 하게 되었다.

FIS 싱가포르 사무소는 싱가포르와 함께 성장하면서 새로운 신규 고객들도 하루가 다르게 늘어났다. 내가 속한 기술지원팀은 싱가포르뿐만 아니라 동남아에 있는 고객사들을 대상으로 제품에 대한 각종 문의와 장애에 대해 질문을 받으며 필요한 기술지원을 하는 다국적 사람들로 구성된 팀이었다. 싱가포르에서 일하는 1년 동안 고생도 많았다. 초기 1년은 처음 이주한 나라에 적응하고 새로운 업무 환경에 적응하는 데 대부분의 시간을 할애했다.

싱가포르 생활 적응기
아프면 참지 말고 쉬어야 한다

::

싱가포르에 적응하면서 겪었던 첫 번째 어려움은 역시 영어였다. 엔지니어로서의 기술지원 업무라 한국에서 글로벌 내부 직원들과 사용했던 영어나 글로벌 투자은행들과 나누었던 영어 수준 정도면 충분하다고 생각했지만, 실상은 많이 달랐다. 고객 또한 글로벌 투자은행에서 싱가포르 현지 은행으로 바뀌어 있었다.

초기에는 싱가포르 금융업계에서 한국인을 처음 접했던 싱가포르 고객들이 나를 신기한 눈으로 바라봤고 그 당시 한류 열풍으로 한국에 대한 관심도 높았던 터라 친근하게 대해주고 작은 실수도 이해해주었다. 하지만 몇 달이 지나도 개선이 없자 내가 전화를 받을 때마다 고객들이 한마디씩 하게 되었다. 절반 이상의 고객들이 나 말고 다른 사람을 바꿔달라고 직접 요구하기도 하고 내가 전화를 받을 때면 고객 쪽에서 전화를 끊어버렸다.

싱가포르 영어는 우리가 흔히 알고 있는 미국 · 영국 영어와 달리 싱가포르 특유의 억양과 어휘가 있다. 중국계가 전체 인구의 70% 이상을 차지하고 있는 싱가포르는 공적인 자리에서는 영어를 사용하지만, 사적인 자리에서는 중국어를 사용한다. 그래서 영어 억양에 중국식 억양이 많이 묻어나는 것 같다. 돌이켜보면 싱가포르 특유의 어휘가 있어서 적응하는 데 더 고생을 했던 것 같다.

두 번째 어려움은 더운 날씨였다. 싱가포르는 1년 내내 여름 날씨다. 그러다 보니 매일 에어컨을 켜고 잠이 들었고 그 바람에 6개월 내내 감기로 고생했다. 언어 문제로 받은 스트레스를 풀고자 집에 오면 항상 맥주를 마셨고 술기운에 더워지면 잘 때 항상 에어컨을 켰던 것이다. 결국 건강을 위해 맥주 마시는 횟수를 많이 줄이고 잘 때는 1~2시간 정도만 에어컨을 가동시켰다.

지금 생각해보면 처음부터 아프면 병가를 내고 집에서 몸이 정상으로 돌아올 때까지 쉬었어야 했다. 한국 기술팀에서 일할 당시 한 번도 병가를 사용해보지 않았던 나로서는 병가를 신청하는 것이 정말 생소했다. 아파도 참고 일해야 한다는 잘못된 생각을 가지고 있었던 것이다.

싱가포르는 몸이 아픈데 억지로 일하는 걸 좋게 생각하지 않는다. 예를 들어 감기에 걸렸을 경우 다른 팀원들에게 감기를 옮길 수도 있고 또한 몸이 정상이 아닌 상태에서 일하다가 실수를 저질러 금융사고가 생길 수 있기 때문이다. 그래서 모든 팀원들은 몸이 아픈 경우 출근 전에 같은 팀 직원이나 매니저에게 간단히 문자 또는 메일을 전달하고 쉬곤 하다.

세 번째 어려움은 지나치게 바쁜 생활이었다. 당시는 가수 싸이의 〈강남 스타일〉이 전 세계적으로 유행하던 시절이었다. 덕분에 밖에 나갈 때마다 한국인으로서 많은 친구들과 사귈 수 있었다. 그 당시 감기로 고생하고 있으면서도 현지 생활에 적응하려면 현지인들과 많이 교류해야 한다는 생각에 매일 저녁 많은 약속을 잡았고 바쁘게 생활했다. 하지만 몇 달 후 친구들과의 약속을 스스로 취소하고 친교 대신 헬스장에 등록하여 건강관리에 신경을 쓰게 되었다.

네 번째 어려움은 한국에서 했던 업무를 싱가포르에 와서까지 해야 했던 것이다. 한국에서 직접 채용하고 교육까지 시켰던 친구 때문에 애를 좀 먹었다. 그래서 싱가포르 팀에서 일하면서도 많은 시간을 한국 업무에 할애하게 된 것이다. 결국 그 친구가 퇴사하게 되었고 싱가포르에서 한국 업무를 직접 지원하게 되었다. 이런 이유로 싱가포르 업무에 많은 시간을 할애할 수 없었다. 한국 관련 업무는 글로벌 매니저에게 보고하고 싱가포르 관련 업무는 싱가포르 팀장에게 보고하면서 양쪽 업무를 동시에 수행했다. 또한 한국 내부 시스템 업그레이드 관련 프로젝트도 나에게 주어졌다. 그 바람에 나는 양쪽 모두에게 불평을 들어야 했다. 한국 업무에는 문제가 없었지만, 한국 내부 시스템 업그레이드 프로젝트가 지연되는 문제가 발생했고 싱가포르 업무에서는 언어 및 업무 정확도에서 많은 문제가 발생했다.

그 당시 한국적인 사고방식을 가지고 있던 나로서는 '아니오. 양쪽의 업무를 다 할 수는 없습니다'라고 말하기가 어려웠다. 나에게 주어진 일은 여러 명이 처리해야 하는 업무였는데도, 아시아 매니저와 싱가포르 팀장은 나에게 스스로 해결하길 바라며 그 많은 업무를 할당했던 것이다.

그 당시에는 이런 상황에 대해 혼자 비난 아닌 비난을 했었지만 지금 생각해보면 그 상황을 제대로 처리하지 못한 잘못이 나에게 있었던 것 같다. 싱가포르에 집중하기로 했다면 한국 업무를 다 포기했어야 한다. 싱가포르와 한국 업무 양쪽을 하고자 했다면 한국 업무를 할 때는 싱가포르 팀장에게 양해를 구하고 시간을 사용했어야 한다. 나의 리소스는 글로벌 매니저가 아니라 싱가포르 팀장에게 소속되었기 때문이다. 한국 내부 시스템 업그레이드 프로젝트는 리소스 문제로 하기 힘들다고 말하거나 아니면 그 일을 직접 할 수 있는 엔지니어를 할당받았어야 한다. 나는 그 엔지니어가 성공적으로 프로젝트를 진행할 수 있도록 도움만 주면 되었던 것이다.

해외생활 슬럼프가 시작되다

::

2013년 말까지 그런 어려움을 겪으며 하루하루 버티고 있었다. 첫 번째 어려움이었던 언어 문제에 대해서는 스스로 해결책을 찾기보다는 직접 부딪혀가며 자연스럽게 적응하는 데 집중했다. 그리고 나의 우려대로 2012년, 2013년 싱가포르 포지션에 대해 기대 이하의 업무 평가를 받게 되었다. 한국 업무에 쏟아부었던 노력은 업무 평가에서 배제되었던 것이다.

2012년 한국 기술팀에서 촉망받던 글로벌 IT 인재는 2014년에 기대 이하 능력을 가진 그저그런 IT 엔지니어로 추락했다. 2014년

자포자기하는 심정으로 회사에서 잘리면 한국으로 돌아가서 새로운 직장을 찾아보기로 마음을 먹었다.

수많은 해외취업 성공자들이 글로벌 대기업에서 보통 1, 2년을 버티지 못하거나 아니면 회사가 해고하여 한국으로 돌아가곤 하는데 나도 그중 하나가 되어가고 있다는 씁쓸한 기분을 지울 수 없었다. 용의 꼬리보다는 뱀의 머리가 되는 게 더 나은 선택이라고 스스로 위로하기도 하고 나를 고용한 아시아 글로벌 매니저를 원망하기도 했다. 왜 내가 이렇게 될 때까지 제대로 조언해주지 않았냐는 원망 아닌 원망이었다. 그에 따른 업무 태도도 변하게 되었다. 모든 업무에 대해 스스로 책임지기를 꺼려서 수동적으로 행동하였고 누군가 나에게 업무에 대해 불평하면 변명거리를 찾기 시작했다. 내가 가장 싫어하는 유형인 겁쟁이가 되어 있었다.

대학시절부터 꿈꿔왔던 나의 모습과 현재 내 모습 사이에 괴리감이 생기기 시작했다. 대학시절 나는 해외의 어느 사무실에서 능력 있는 IT 인재로 각국의 고객 및 동료들과 자신감 있게 일하는 모습을 매일같이 그려왔고 그렇게 되려고 노력해왔다. 큰 굴곡 없이 누구보다 활발하게 대학생활을 마치고 성실하고 적극적으로 한국에서 직장생활을 해왔다. 큰 실패를 경험한 적이 없었던 나로서는 싱가포르에서 겪었던 어려움이 무엇보다 고통스럽게 다가왔다. 나의 부족한 언어 실력이 드러날까 봐 전전긍긍했고 업무에서 발생한 조그마한 실수로 해고당할까 봐 두려워했다.

2014년 6개월간은 2013년에 비해 시간이 넉넉했지만 꾸준히 다니던 운동도 멈추고 스스로 슬럼프에 빠지면서 해결방법을 찾기보다는 전전긍긍하고 자책하는 데 대부분의 시간을 할애했다. 없던 약속도 만들어가면서 매일 밤 친구들을 만나서 함께 즐기며 시간을 보내고 회사에서는 병든 병아리처럼 생기 없이 일하면서 수동적으로 생활했다.

업무 능력이 좋아지니
슬럼프가 끝나다

: :

2014년 7월 무렵부터 마음이 허전해지기 시작했다. '왜 지금 싱가포르에 있는 것인가? 지금 이대로 지내는 것보다는 한국으로 돌아가는 게 맞지 않을까?'라는 질문을 스스로에게 던지며 한국으로 돌아가는 것에 대해서 진지하게 고민하기 시작했다. 한편으론 마음속 깊은 곳에 숨어 있던 자존심이 고개를 들기 시작했다. 이렇게 겁쟁이로 한국에 돌아가는 건 당당한 귀국이 아니라 도망치는 것이라는 마음의 울림이었다. 그때부터 언어 문제를 해결하기 위해 고민하기 시작했다. 그리고 싱가포르에서 일하고 있는 친구들 중 영어권 국가에서 태어나지 않은 이들에게 조언을 구했다. 그들은 남들이 쓴 메일을 통해 영어 능력을 키웠다고 했다.

조언에 따라 매일 업무 후 2시간을 활용하여 그날 회사동료들이 메일로 사용했던 단어 및 문장들과 내가 업무 중에 녹음했던 음성파일을 리뷰하고 스스로 업무에 필요한 영어 역량을 강화하는 데 시간을 할애했다. 막상 해보니 업무에서 사용하는 메일 및 음성들은 최고의 업무 영어 교재들이었다. 제대로 이해되지 않았던 문장을 2번, 3번 반복해서 들었다. 듣다 보니 업무 관련 전문 용어 이외에는 알아듣기 쉬운 단어와 간단한 문장구조로 이루어져 있었고 그런 과정을 통해 업무에 필요한 용어를 완벽하게 이해하게 되었다. 내게 무엇이 필요한지 스스로 깨닫게 되었다.

처음 싱가포르에 왔을 때는 영어를 잘하는 것처럼 보이기 위해서 어려운 단어에 조금 더 복잡한 문장을 써서 이야기하려고 노력했는데 이 모든 것이 업무 영어에서는 불필요한 것이었다. 전 세계 누구나 알아들을 수 있는 가장 쉬운 단어와 최대한 간단한 문장을 가지고 빠른 속도로 이해하기 쉽게 내용을 전달하는 것을 선호한다는 것을 알게 되었다. 이렇게 동료들이 작성한 메일을 통해서 업무 처리에 필요한 어휘 및 문장구조를 배울 수 있었다.

6개월간의 노력은 스스로에게 많은 변화를 가져다주었다. 동료들이 말하는 문장구조와 단어를 써서 대화를 하고 동료들이 쓰는 문장구조로 메일을 작성하기 시작했다. 이런 변화는 회사에서 직장 동료들의 협조를 얻어내는 데 큰 도움이 되었다. 수동적이었던 업무태도가 능동적으로 변하기 시작했고 어려운 업무도 스스로 찾아서 하게 되었다. 무엇보다 고객들이 나와 커뮤니케이션을 하는 데 편안해하기 시작했다.

남이 하기 싫은 일을 해야
남보다 성장한다

::

2016년 무렵이 되자 어느 정도 자리가 잡히고 각종 어려운 업무들도 이제는 쉬운 업무가 되어 있었다. 팀 내에서 남들이 가장 하기 싫어하는 업무도 맡아보았으나 경력을 쌓는 데 크게 도움이 되지는 않았다. 시니어 엔지니어로서 새로운 팀에 들어온 엔지니어를 교육시키기도 했고 각종 고객 관련 프로젝트도 무사히 마무리 지었다. 이제는 새로운 도전이 필요하다는 생각에 싱가포르 팀장에게 앞으로 내가 할 수 있는 일에 대해 상의했다.

때마침 FIS 홍콩에서 일하는 기술지원팀 동료들이 하나둘씩 그만두는 바람에 2016년 10월 홍콩 팀에 파견되는 기회가 생겼다. 나에게는 새로운 도전이었다. 5명 내외로 구성된 팀에 1명의 엔지니어만 남아 있었기에 나와 다른 1명의 엔지니어는 기존 업무를 진행하기 위해 최선을 다했다. 6년간의 기술지원팀 경력은 홍콩 고객에 대한 이해 없이도 바로 실전에 임하는 데 큰 도움이 되었다.

10월 한 달로 예정되었던 출장 일정은 11월 중순까지 연기되었고 싱가포르 팀에 돌아와서도 싱가포르를 포함해 홍콩 관련 업무까지 맡아 진행하게 되었다. 싱가포르에 처음 왔을 때와는 달리 두 지역에 대한 업무를 동시에 진행하는 데 무리가 없을 정도가 되었다. 나중에는 싱가포르와 홍콩에서 발생하는 가장 어려운 문제를 동시에 해결하기도 하면서 양쪽 지역에서 시니어 엔지니어로서 인정을 받게 되었다.

한국, 싱가포르, 홍콩 기술지원팀에서 새롭게 도전할 거리를 찾던 나는 2017년 UBS 관련 프로젝트를 제안받았고 그 제안을 수락했다.

2017년 한 해 동안 프로젝트 매니저로서 UBS 싱가포르 지사에 파견되어 UBS 타이완 거래 시스템을 최신 버전으로 이전하는 프로젝트와 홍콩 증권거래 시스템을 다른 데이터센터로 이전하는 프로젝트를 성공적으로 수행했다.

현재 증권사들은 경쟁에서 뒤처지지 않기 위해서 노후화된 소프트웨어 또는 하드웨어를 최신 시스템으로 바꾸는 프로젝트를 많이 진행하고 있다. 최신 시스템으로 업그레이드하는 일은 생각보다 쉽지 않은 작업이다. 시스템이 최신 버전으로 향상되면 기능 변화가 많아 새로운 시스템을 도입하는 것과 비슷한 노력을 해야 하기 때문이다. 그런 경우에는 해당 프로젝트가 1년 이상이 걸리기도 한다. 작은 실수가 막대한 금전적인 손실을 일으키는 금융사고로 이어질 수 있기에 적절한 인력과 시간을 투입해서 프로젝트를 진행한다.

싱가포르 물가는
생각보다 비싸지 않다

::

싱가포르의 물가는 주거비를 제외하면 한국과 비슷한 것 같다. 비싼 주거비 때문에 한국보다 월급을 더 받아야 생활이 가능하다는 말을 많이 들어봤다. 지난 6년간 총 5종류의 집에 거주했던 경험으로 평가해보건대 한국과 비교했을 때 거주 비용이 크게 비싸지는 않았던 것 같다.

처음 살았던 집은 싱가포르 금융가에 위치한 회사에서 10분 정도 떨어져 있는 사설 아파트였다. 싱가포르 정부아파트(HDB)와는 다르게 아파트 한 동 전체를 회사가 소유하고 있었다. 그 당시에 호주 친구와 같이 방 2개짜리 집을 빌려서 거주했는데 전기료, 인터넷 사용료 등의 각종 비용을 다 합쳐서 월 2,200SGD(176만 원) 정도 지불했다(이하 1SGD = 800원으로 환산). 일인당 비용으로 계산해보면 한국의 강남권 작은 오피스텔 월세 비용과 비슷했다. 동거인이 서양 친구였던 탓에 밑반찬을 냉장고에 넣어놓고 먹는다거나 집에 냄새가 밸 것 같은 자극적인 한국 음식을 자주 해먹지는 못했지만, 그 친구가 프라이버시를 철저하게 지켜줘서 아무런 문제없이 지냈던 것 같다.

두 번째 집은 싱가포르의 부촌 중에 하나인 노비나에 위치한 방 2개짜리 콘도였다. 몇 년간 사설 아파트에서 잘 지내다가 건물 리노베이션을 이유로 다른 곳으로 강제 이주하게 되었다. 콘도는 사설 아파트와는 다르게 지은 지 10년 안팎이라 깨끗했고 한국의 리조트처럼 수영장, 헬스장 그리고 파티를 즐길 수 있는 바비큐장 같은 시설이 잘 갖추어져 있었다. 거실 바닥은 대리석으로, 각 방에는 빌트인 옷장과 함께 원목 마루로 고급스럽게 꾸며져 있었다. 전기료, 인터넷 사용료 등 각종 비용을 다 합쳐서 호주 친구와 함께 월 2,600SGD(약 208만 원)를 냈던 것 같다. 또한 지하철역에서 멀지 않은 곳에 위치해 있어서 30분 안에 출근이 가능했던 것으로 기억한다. 첫 번째의 사설 아파트와 달리 중심가에서 조금 떨어져 있다는 이유로 월 400SGD(32만 원)만 추가로 주고도 깨끗하고 시설이 잘 갖추어진 곳에서 편하게 지낼 수 있었다.

세 번째 집은 호주 친구와는 개인적인 이유로 헤어지고 한국 가족들과 함께 사는 방 3개짜리 콘도였다. 회사에서 30분 거리에 있는 지역으로, 두 번째 집과 마찬가지로 각종 편의시설이 갖추어져 있어서 지내는 데는 부족함이 없었다. 게다가 그 가족이 필리핀 가정부를 두고 있었던 덕분에 청소 및 빨래에 대한 걱정도 덜 수 있었다. 와이셔츠도 필리핀 가정부가 다림질을 해주어서 정말 좋았다.

참고로 싱가포르는 맞벌이 부부를 위해서 임금이 비교적 저렴한 필리핀 사람들에게 가정부 비자를 발급하고 있다. 싱가포르에서 결혼하고 아이를 낳은 한국인들 중 육아 및 가사의 부담을 덜고자 필리핀 가정부를 저렴한 비용에 고용하는 경우가 종종 있다. 주거비 월 1,000SGD(80만 원)에 부족함 없이 지냈으나 다른 가족 사이에서 지내다보니 공용 공간을 편하게 사용하지 못했고 친구들을 집에 초대하는 데도 문제가 있었다. 그래서 이번에는 한국 친구들을 찾아서 정말 좋은 집으로 이사를 갔다.

네 번째 집은 2층으로 구성된 방 3개짜리 펜트하우스로, 1층에는 방 2개, 2층에는 집에서 가장 큰 방과 함께 하늘이 뚫린 발코니를 갖춘 집이었다. 한국 친구들과 한국 음식들이 그리웠던 나는 마음 맞는 한국 친구들과 함께 정말 좋은 집을 구해서 1년 동안 재미있게 지냈다. 단점은 각종 비용을 포함해서 펜트하우스를 기존 시세보다 1,000SGD에서 2,000SGD 정도의 저렴한 가격에 집을 구한 터라 회사에서 꽤 멀리 떨어진 집이었다는 점이다. 회사에서 집까지 45분 정도 걸렸다.

마지막으로 회사에서 걸어서 15분 거리에 있는 탄종파가로 이사를 갔다. 여러 종류의 집에 살다보니 집 자체가 좋은 것보다는 회사와 가깝고 친구들 만나기 편한 곳이 내 성향에 가장 잘 맞는 것 같았다. 이번에도 한국 친구들과 집을 구했고 방 3개짜리 정부 아파트를 각종 비용 포함해서 월 2,800SGD(224만 원)라는 저렴한 가격에 집을 구할 수 있었다.

외국인 친구 사귀기 생각보다 쉽다

::

한국이 아닌 싱가포르에 살게 되면 다들 많이 외로울 거라고 생각한다. 나도 한국의 가족들, 친하게 지냈던 친구들과 떨어지게 되자 처음에는 많이 외로웠다. 그러다 싱가포르에 있는 대다수의 외국인들이 나와 같은 처지라는 것을 알게 되었고 그들과 급속도로 친해지는 데 별 어려움이 없었다. 동병상련이라는 고사성어가 정말 와닿았다. 특히나 한국 문화에 관심이 많았던 싱가포르인과 다른 아시아 친구들은 한국 드라마에서 배웠는지 "안녕하세요"라고 먼저 말을 걸어왔다. 그럴 때마다 정말 반가웠고 나도 "안녕하세요"라고 대답해주면서 쉽게 대화의 문이 열렸다. 그렇게 한국과 관련된 여러 가지 이야기를 나누고 나중에 더 친해지면 밖에서 따로 만나서 한국 음식을 먹거나 하우스 파티에 초대해서 즐거운 시간을 갖기도 하였다. 처음에는 외국인 회사동료들과 함께 어울리다 나중에는 인터네이션스(internations.org)를 통해 다른 많은 외국인 친구를 만날 수 있었다.

인터네이션스는 싱가포르에 거주하는 외국인들이나 외국인들과 친구가 되고 싶어하는 싱가포르인들이 주기적으로 모여서 사교모임을 하는 곳이다. 우리가 흔히 미국 드라마에서 보았듯이 비싸 보이는 루프탑에 위치한 와인 바나 호텔 바를 통째로 빌려서 수백 명이 모여서 와인잔을 들고 스탠딩 파티를 한다. 싱가포르는 좁은 나라임에도 외국인 비율이 다른 아시아 국가들에 비해 월등하게 높기 때문에 인터네이션스에서 정말 다양한 업계에서 일하는 전문직 종사자들과 인간관계를 쌓을 수 있다.

물론 문화가 다른 외국에서 살다보면 한국 친구들이 그립고 만나고 싶을 때가 있다. 이런 경우에는 싱가포르 거주 한국인을 위한 커뮤니티(hankookchon.com)를 이용하면 된다. 여기에는 각종 동아리가 많이 있는데 특히 테니스 동아리가 인기가 많다. 싱가포르에는 콘도마다 대부분 테니스 코트가 설치되어 있어서 테니스를 취미로 가지고 있는 사람들도 많다. 이런 이유로 한국인들이 매주 모여서 같이 테니스를 치고 각종 이벤트를 벌이며 같이 어울리곤 한다.

휴가 때 주변 국가로
여행하기 편하다

∷

싱가포르에 거주하면서 휴가가 끝날 때마다 친구나 동료들에게 당연하게 받았던 질문이 있다. "어떤 나라에서 휴가를 보내고 왔니?"라는 질문이다. 처음에는 당혹스러웠는데 싱가포르가 워낙 좁은 나라인지라 다들 휴가 때면 한국에서 다른 지방에 잠시 놀러가듯이 다른 나라에서 지내다가 오는 게 당연시된다는 것을 알게 되었다. 주변 동남아 지역의 경우는 항공료가 왕복 100SGD(8만 원) 안팎이고 싱가포르보다 물가가 저렴한 나라가 많아서 싱가포르에서 지내는 것보다 해외에 나가는 것이 생활비가 덜 드는 경우가 많았다.

특히 싱가포르는 동남아의 중심에 위치하고 있어서 각종 해양스포츠를 즐기기가 쉽다. 휴가를 사용하지 않더라도 금요일 저녁에 출발해서 일요일 저녁에 도착하는 일정으로 발리로 서핑 하러 가고 푸켓으로 스쿠버다이빙을 하러 갈 수 있다. 대부분의 동남아 국가가 편도 2시간 안팎으로 이동이 가능해서 주말을 이용해 부담없이 여행을 떠나기에는 이곳만 한 곳이 없는 듯하다.

무엇을 원하느냐에 따라
갈 곳이 달라진다

::

'먼저 무엇이 되고 싶은지 상상하라'라는 제목으로 글을 시작했다. 나는 무엇이 되고 싶은지 대학생 때 상상했고 그에 맞춰서 현재는 싱가포르에서 금융 IT 전문가로 일하고 있다. 싱가포르는 아시아 금융의 중심지이고 영어가 가장 원활하게 소통되는 나라라는 점에서 내가 원했던 바에 가장 부합했다.

고등학교 시절 공부를 가장 잘했던 친구들은 서울대를 갔고 그다지 못했던 아이들도 저마다 이러저러한 대학에 들어갔다. 그 당시에는 수능 성적 순서대로 대학을 정하고 학과를 정했던 것 같다. 사실 안을 들여다보면 대학마다 특화되어 있는 학과가 있고 더 잘하는 분야도 대학마다 다르다. 자신이 정말 하고 싶은 일이 있다면 학교의 명성보다는 전공 분야를 제대로 배울 수 있는 곳을 선택하는 쪽이 현명한 것 같다.

이런 나의 성향은 대학시절에도 드러났다. 공부를 잘했던 친구들은 월급을 좀 더 많이 주는 안정적인 직장을 선호했다. 그들은 자신이 하고 싶은 것보다는 그런 것에 더 점수를 주는 것 같았다.

여러분이 해외에서 직장을 찾는다면 무엇을 먼저 봐야 할까? 해외 직장이 흔히 말하는 한국보다 더 좋은 조건을 보장해줄 것 같은가? 일부는 맞고 일부는 틀린 이야기다. 그렇기에 싱가포르라는 나라가 주는 장점, 해외에 있는 회사가 주는 장점보다는 왜 싱가포르를 선택했으며, 왜 현재 직업을 선택했는지에 집중해서 이야기했다.

여러분이 해외에서 기회를 잡으려면 먼저 무엇이 되고 싶은지 상상하고 그 무언가가 되는 데 가장 도움이 되는 장소에서 일했으면 한다. 그것은 한국이든 싱가포르든 여러분이 하고자 하는 무엇에 따라 결정되는 것이지 싱가포르가 한국보다 더 살기 좋고 싱가포르 회사가 한국 회사보다 더 일하기 좋아서는 아닐 것이다.

Indonesia

유재우(인도네시아)

- (현) 이핀(PT.EPIN) 공동창업자
- 크레온(PT.KREON) 사업개발팀 팀장
- 한국화이자제약 Primary Care 사업부 주임

기회의 땅에서
스타트업 창업자로 살기

인도네시아에서 일한다는 것

아웃사이더 법대생 MBA 가다

::

미래에 대한 고민 없이 점수 맞춰 법대에 진학했지만, 전공 공부
가 정말 재미없었다. 전역 후 본격적으로 '아웃사이더 법대생' 생활
을 하면서 교환학생 준비를 했고, 미국 실리콘밸리의 휴양도시 격인
산타크루즈에 위치한 UCSC(University of Santa Cruz)에서 1년간 교
환학생으로 공부하면서 해외취업에 대한 꿈을 꾸었다.

졸업을 한 학기 남겨둔 상태로 한국에 왔지만, 현실적인 문제들
로 '산업'과 '직무' 상관없이 60여 개의 회사에 지원하였다. 가장 빨
리 취업이 확정된 한국화이자(Pfizer Korea) 영업부에서 커리어를 시
작했다. 화이자에서 3년 근무 후 접어두었던 해외취업의 꿈을 위해

MBA에 진학했고, 졸업 후 인도네시아 소재 게임 퍼블리셔 기업인 크레온(PT.KREON)의 사업개발팀에서 두 번째 커리어를 시작했다.

빠르게 성장하는 인도네시아 시장에서 IT 사업 개발(Business Development) 담당자로 일하다보니 자연스럽게 '내 사업'에 대한 욕심이 생겼다. 이런저런 생각이 들 무렵, 일하고 있던 사업부를 EBO(Employees Buy Out) 형태로 분사 및 투자할 기회가 왔고, 2017년 가을부터 EPIN(PT.EPIN)이라는 회사의 공동창업자이자 CMO로 일하고 있다.

MBA 졸업 후 가장 많이 들었던 말은 "왜 MBA까지 나와서 인도네시아에 가느냐?"였다. 질문자에 따라 여러 이유로 대답했지만, 가장 솔직한 답변은 "나 스스로 포화된 한국 시장에서 성공할 자신이 없어서"였다. 인도네시아는 세계 4위의 인구 대국이며, 높은 경제 성장률과 높은 모바일 기기 사용률 등 IT 사업에 도전하기 좋은 조건을 갖추고 있다. 그러나 동시에 극심한 교통체증과 열악한 인프라, 환경오염, 부패와 규제 등 외국인이 대단히 살기 힘든 지역이기도 하다. 시장은 매력적인데 살고 싶지는 않은 국가, 즉 IT 인력에 대한 수요는 많은데 공급이 부족한 국가라는 점에서 사업자는 물론 일반 취업자에게도 기회의 땅이라 생각했고 4년이 지난 지금 돌아봐도 내 생각은 크게 틀리지 않았다.

매일 아침 현금 흐름표를 보며, 생존을 걱정하는 초보 창업자라는 점에서 이번 글을 쓰기가 망설여졌다. 다만 보잘것없는 나의 경험을 공유함으로써 인도네시아와 같은 저개발 국가로의 취업이 나쁜 선택이 아니라는 점을 얘기하고 싶다. 더불어, 막연히 동남아 생활을 동경하는 사람들에게 인도네시아 생활이 어떤지도 생생히 전달되었으면 좋겠다.

인도네시아에서 취업하고 창업하기
::

1) Post MBA 커리어 선택의 3가지 조건

많은 학부생들이 그렇듯이 나도 취업난 속에 커리어에 대한 진지한 고민 없이 첫 번째 직장을 선택했다. 고민 없이 입사한 한국화이자는 운좋게도 높은 연봉과 자유로운 근무 환경을 제공했지만, 틀에 박힌 일은 지루했고 좁은 업무 영역은 늘 답답했다. 이후 '산업(Industry)'와 '직무(position)'를 바꿔보자는 목표로 MBA에 진학했고, 졸업 시즌이 되면서 Post MBA 커리어 선택을 위한 몇 가지 조건을 정했다.

대기업이 아닐 것 오래전부터 '내 사업'을 생각하고 있었던지라 대기업의 안전성이나 연봉은 크게 중요하지 않았다. 오히려 규모가 작은 회사에서 다양한 경험을 쌓으면서 일 근육을 키우고 싶었다.

한국이 아닐 것 한국과 같은 포화된 시장(Saturated Market)에서 사업으로 성공할 자신이 없었다. 해외에서 사업하기 위해서는 해당 국가에서의 직장생활이 필수라고 생각했다. 직장생활이 내 사업의 '지렛대'가 되어야 하기 때문에, 진입 장벽이 높고 양질의 기술 수준을 요하는 산업인 제약과 중공업 등의 분야보다는 스타트업에 적합한 산업인 IT와 무역 등의 문을 주로 두드렸다. 선진국이 아닌 동남아시아, 남미 등 기회와 일자리가 포화상태가 아닌 시장의 취업을 집중적으로 노렸다.

성장하는 다이내믹한 산업일 것 제품의 반응을 시장에서 바로 확인할 수 있고, 호흡이 빠른 산업 분야에서 일하고 싶었다.

조건을 정하고 나니, MBA 이후의 직장 선택이 한결 수월했다. 한국에서 학사를, 미국에서 교환학생을, 유럽에서 석사를 했지만, 남미와 동남아의 IT 업계를 중심으로 문을 두드렸고, 인도네시아 최대의 게임 퍼블리셔인 크레온(PT.KREON)과의 인연이 시작되었다.

2) 크레온 면접 준비

크레온의 취업 공고는 MBA 게시판을 통해 확인했다. 처음 들어보는 회사 이름이었지만, 검색 결과 인도네시아에 있는 한국계 게임 퍼블리셔였다. 크레온은 당시 '포인트 블랭크'라는 FPS(First Person Shooter) 게임을 중심으로 인도네시아 온라인 게임 시장 점유율 1위업체였다. 무엇보다 위의 3가지 직업 선택 기준에 정확히 부합했다. 모집 분야도 사업개발팀이라 회사의 의사결정 과정에 바로 참여할 수 있을 것 같아 고민 없이 지원했다.

면접이 문제였다. IT 산업에 대한 경험이 없었던 탓에 기술적인 질문들을 물어보면 대답하지 못할 것이 뻔했다. 다만, 크레온이라는 회사가 '포인트 블랭크'를 크게 성공시켰으나 추가적인 게임의 흥행을 보장할 수 없는 상황에서 사업개발팀에 기대하는 것들이 무엇일지를 '상식'적인 수준에서 고민했다. 나는 첫째, 포인트 블랭크로 벌어놓은 현금으로 뭘 하면 좋을지(신사업 전개 방향성), 둘째, 게임 퍼블리셔는 좋은 게임을 소싱하는 것이 중요한데, 이를 어떻게 담보할 수 있는지(사업의 특성이 내포하는 리스크 관리 방안)를 중심으로 답변을 준비했으며, 실제로 물어본 질문은 다음과 같았다.

- 이력서를 보니 소위 '모범생 이력서'인데, 인도네시아 생활에 적응할 수 있겠는가?
- IT 경험이 없는데, 제약업에서 IT로 옮기려고 하는 이유가 무엇인가?
- 인도네시아의 게임 시장에 대해 어느 정도 알고 있는가?
- 게임 퍼블리셔는 결국 일종의 콘텐츠 디스트리뷰터(Distributor)인데, 콘텐츠를 제작하는 개발사에 대한 의존성을 낮추기 위한 방법은 무엇이라고 생각하는가?

- 게임 퍼블리셔가 할 수 있는 신사업은 어떤 것이 있고, 그렇게 생각하는 이유는 무엇인가?
- 크레온이 바우처 사업을 전개하고 있는데, 바우처 사업 간에 중요하게 생각해야 할 것은 무엇인가? 나아가 다른 Fin-Tech 비즈니스를 하는데 크레온이 레버리징 할 수 있는 것들이 있다고 보는가?

예상했던 질문들이 나와 왠지 느낌이 좋았다. 나아가 처음 방문했던 자카르타 특유의 정리되지 않은 번잡함이 역동적으로 느껴졌다. 면접 전 잠시 방문했던 현지 PC방에서는 초등학생들이 크레온의 게임만 하고 있었다. 이런저런 긍정적 신호가 이곳에서 IT 사업자로서 의미 있는 일을 할 수 있을 것 같은 기대감을 주었다. 2주 후에 합격 통지를 받았고, 두 번째 커리어를 크레온에서 시작하게 되었다.

3) 크레온에서의 회사생활과 창업 준비

크레온에서의 회사생활은 기대와 크게 다르지 않았다. 업무 영역은 무궁무진했고, 내가 만든 제품이 단기간에 상업화되었으며, 사업개발팀이 만든 정책이 시장으로 퍼져 인도네시아 온라인 시장에 영향을 준다는 사실 자체가 즐거웠다.

다만, 시간이 지나면서 점점 더 사업에 대한 욕심이 생기기 시작했다. 창업을 하면 돈도 벌릴 것 같고 성공할 만한 아이템들도 눈에

보였다. 특히 눈앞에서 투자나 개발의 기회를 놓친 IT 서비스들이, 타인에 의해 성공하는 것을 지켜보는 것이 신기하면서도 한편으로는 자극제가 되기도 했다. 그중 고젝(Gojek)이라는 오토바이 기반의 승차 공유 스타트업이 있었는데, 2014년 겨울에 창업자 나디엠 마카림(Nadiem Makarim)을 직접 만나 협력과 투자에 대해 이야기한 적이 있었다. 개인적으로 꼭 같이 해보고 싶었으나 무산되었고, 3년이 지난 지금 고젝은 3조의 기업 가치를 가진 인도네시아 최대 규모의 스타트업이 되었다. 이와 같은 경험을 통해 창업에 대한 생각을 확고하게 세웠다. 그 무렵 크레온에서 'PC방 관리프로그램' 사업부를 EBO 형태로 분사 및 투자할 기회가 왔고 2017년 10월에 EPIN이라는 회사를 창업해서 운영하고 있다.

4) EPIN 창업 - 회사원에서 창업자로

EPIN은 'PC방 관리 프로그램을 인도네시아 전역의 게임방에 무료로 공급하고, 이 프로그램을 통해 PC방 유저의 화면에 광고를 노출시켜, 돈을 버는 회사'다. 현재 전국 인도네시아 PC방 전체의 절반 정도가 EPIN의 관리 프로그램을 사용하고 있으며, 토코피디아, 블란자 등 인도네시아 전자상거래(E-Commerce) 업체, 라인 웹툰 등 콘텐츠 공급자들도 EPIN의 플랫폼을 통해 인도네시아 10대, 20대 유저들에게 접근하고 있다.

인도네시아에서 한국인으로 일한다는 것

::

1) 신입사원이 관리자가 되는 나라

인도네시아에서 직장생활을 하는 사람들은 대부분 누군가를 '관리'한다. 인도네시아 현지 직원과 한국인 직원의 임금이 10배 이상 차이가 나기 때문에 한국인은 보통 매니저 직급을 달기 때문이다. 고용주 입장에서도 10배 이상 높은 임금을 주어야 하는 한국인 직원에게 회사 측은 현지 직원 10명 이상의 업무 능력을 요구한다. 보통 한국인은 인도네시아 직원들로 구성된 조직에 투입되어서 조직원들이 더 좋은 결과를 만들어내도록 하는 임무를 맡는다.

만약 성격이 내성적이거나 혼자 차분히 일하는 것을 선호하는 사람들이라면 이런 업무가 힘들 수도 있다. 특히 한국에서 오랜 기간 혼자 일하던 한국인 개발자들의 경우 '개발 팀장'이라는 직함을 달고 '개발 팀원'의 일을 하는 경우가 많았는데 그들은 숙련도가 뛰어나 인도네시아 개발자의 3~4배의 일을 하지만, 고용주가 기대하는 것은 조직을 통해 10명분의 일을 관리하는 리더의 역할이다. 실제로 이런 뛰어난 실력을 가진 한국인 '개발 팀원'의 경우 대부분 적응하지 못하고 한국으로 복귀했다.

반면 게임 운영 담당자(PM)로 한국에서 일했던 한 지인은 크레온에서 관리자로 성공적인 경력을 쌓은 뒤, 다른 동남아시아 국가의 중소 게임사 CEO로 이직했다. 현재는 글로벌 게임사의 동남아시아 게임 비즈니스 본부장으로 일하고 있다. 본인이 관리자로서의 역할에 익숙해지고 성과를 낸다면 인도네시아에서의 회사생활이 이력서에 확실한 이점이 될 수 있다.

같은 맥락에서 개인의 업무 성향, 성격, 커리어 목표 등을 잘 따져 보았으면 좋겠다. 내 짧은 경험으로는 스페셜리스트보다는 제너럴리스트가 잘 적응하고, 차분한 팔로어보다는 활발한 리더의 성격이 '회사가 원하는 한국인 상'에 더 가깝다.

또한 일과 삶의 균형을 중시하는 사람보다는 회사에서의 경험 자체에 초점을 두는 사람이 지치지 않고 인도네시아에서의 커리어를 더 잘 쌓아나갈 수 있다.

2) 괜찮아요(Tidak apa apa)의 나라

인도네시아에서 일하면서 가장 적응하기 어려웠던 부분이 인도네시아인의 국민성이었다. 'Tidak apa apa(괜찮아요)' 'Kurang tahu(잘 모르겠는데?)' 'Santai Saja(천천히 합시다)'를 입에 달고 사는 사람들이라 일의 템포가 느리고, 모르는 게 있어도 잘 물어보지 않는다. 당연히 프로젝트의 속도가 느려지고, 일은 방향성이 틀어진 채로 한참 진행되는 경우가 많다. 그렇다고 리드 타임을 짧게 주고 프로젝트를 체크하거나 세부적인 업무 방식을 설명하다 보면 한국인 관리자의 시간이 부족해진다. 특히 잘못을 지적하거나 직원을 해고할 때, 한국인 관리자가 직접 의사전달을 하다 보면 의도가 왜곡될 수 있고, 나아가 노사 간, 혹은 직원과 관리자 사이에 충돌이 일어날 수 있다. 노동법이 선진국 못지않게 강한 국가인 데다, 종교가 다른 외국인이 현지 직원을 해고하는 것 자체가 인도네시아에서는 문제가 될 수 있다. 개인적으로는 좋은 현지인 직원을 교육하고 관리자로 승진시킨 뒤, 이 직원을 통해 업무를 지시하고, 인사와 총무 관련 업무를 배분하는 것이 가장 효과적이었다. 인도네시아에서 일을 하게 된다면, 우선적으로 좋은 매니저를 찾아볼 것을 추천한다.

3) 이슬람 종교 행사가 업무보다 중요한 나라

인도네시아 국민의 90% 이상이 이슬람을 믿는 무슬림인데, 이는 업무에도 적지 않은 영향을 미친다. 우선 무슬림들은 하루 5번 기도를 하기 때문에 업무 시간에 자리를 비우는 경우가 비일비재하다. 물론 기도실도 회사에서 마련해주어야 한다. 매주 금요일 오전에는 무슬림들이 특히 신성시하는 주마딴(jumatan)이라는 기도시간이 있는데 이 경우 가까운 사원을 방문할 수 있도록 배려해주어야 한다. 또한 이슬람 최대 명절인 르바란(Lebaran) 기간에는 1개월치의 명절 보너스(THR)를 제공하는 것이 노동부 장관령으로 정해져 있다.

그 외에도 르바란 기간의 추가 연차를 의미하는 쭈띠 버르사마(Cuti bersama) 제공 여부, 라마단 기간의 금식 해제를 축제처럼 진행하는 부까 뿌아사(Buka Puasa) 등 법률로 제정되어 있지는 않지만 제공하지 않으면 사무실 분위기가 어색해지는 이슬람 관련 행사나 관습들도 많다.

중요한 것은 종교 행사가 업무에 '우선'한다는 것이다. 예를 들어 회의 시간과 주마딴 기도시간이 겹치면 직원들은 말없이 기도를 하러 나가며, 심지어 우버(Uber) 기사조차 기도 시간이 되면 무슬림 사원에 들렀다 오는 탓에 호출한 뒤에도 한참을 기다려야 한다. 2016년 말, 자카르타 최초의 기독교인 주지사인 아혹(본명은 바수키 치하야 푸루나마)은 "유대인과 기독교도를 지도자로 삼지 말라"는 이슬람경전(코란) 구절을 정치적으로 악용하는 이에게 속지 말라는 취지의 발언을 했다가 이슬람 단체에게 고발당한 적이 있다. 처음 뉴스를 들었을 때는 코란을 부정하는 것도 아니고, 코란을 제대로 이해해달라는 발언이 왜 문제가 될까 싶었는데, 2017년 5월 자카르타 법원은 검사의 구형을 뛰어넘어 징역 2년을 선고했다.

16~35세 모바일 인터넷 이용자의 90% 정도가 페이스북을 이용하고 70%가 인스타그램을 사용하며, 모바일·온라인 게임도 서구권의 트렌드를 그대로 따라가는 국가이면서, 신성 모독으로 전직 자카르타 주지사가 징역을 살고 있는 이중적인 곳이 인도네시아다. 무슬림 직원들이 비 무슬림인 외국인 관리자에게 요구하는 '종교에 대한 존중'에 대해 생각해볼 필요가 있으며, 그들의 종교를 존중하면서도 업무 공백을 최소화할 수 있는 묘안이 필요하다고 생각한다.

4) 해외 창업은 현지 경험을 쌓은 후에

인도네시아 창업에 대한 질문을 받으면, 인도네시아에서 회사 생활을 먼저 해보고 천천히 창업하라고 일관되게 조언한다. 창업 자체만으로도 신경 쓸 것이 많다는 것은 한국과 마찬가지다. 다만, 인도네시아는 숨만 쉬고 살아도 외국인에게 세금을 물리며, 각종 규제와 법령은 모두 인도네시아어로 되어 있다. 부패지수도 높고, 노동 유연성은 전 세계 개발도상국 중 최하위 수준이며, 법인 설립 자체도 쉽지 않다.

실제로 한국에서 창업을 목적으로 인도네시아에 온 사람들이 법인 설립에만 3~6개월을 소진하다가 진출을 포기하는 경우도 많이 보았다. 앞에서 언급했듯이 노동법이 강하고, 공무원들도 외국인에게 호의적이지 않다는 점에서 경고장 발급이나 직원 해고로 노동청에서 감사가 나온다거나 경찰이 투입되는 경우도 있다. 법인 설립, 인사관리 등 어떻게 보면 별것 아닌 일들로 인해 회사의 운명이 좌지우지 될 수 있는 후진적이고 경직된 사회라는 점에서, 직장인으로서 최소 2~3년 정도 꼭 인도네시아를 경험해볼 것을 권한다. 인도네시아에 진출할 때 우선 챙겨야 할 책은 경영학 서적이 아니라 우리말로 번역된 인도네시아 법률 관련 책자이며, 창업을 한다면 최소한의 인사, 노무, 총무에 대한 지식은 필수적이다.

동남아시아에 대한 환상 깨기

:: :

1) 기사와 가정부? 수영장 딸린 아파트?

한국에서 인도네시아로 오고 싶다는 사람들과 면접을 진행하다 보면, 지원자들이 인도네시아에 대한 막연한 환상을 가지고 있다고 느낄 때가 있다. 수영장이 있는 콘도에 살고, 주말마다 서핑이나 스쿠버다이빙을 하며, 기사와 가정부가 딸린 집에서 사는 것이 동남아 취업의 목적이라면 한국 대기업에 취업해서 법인장으로 오는 것이 더 빠른 길일 수 있다.

실제 자카르타 기준으로 수영장이 있는 고급 아파트의 가격은 월 200만~300만 원을 호가한다. 자카르타의 해변은 서핑과 스쿠버다이빙을 할 수 없는 오염된 바다이며, 기사의 경우 개인의 편의보다는 인명 사고가 났을 때 외국인으로서 받게 되는 불합리한 처벌을 방지하고자 고용하는 경우가 많다.

일인당 GDP 4,000달러의 인도네시아 생활은 한국에 비해 감정적으로나 심리적으로 전혀 여유롭지 않다.

같은 맥락에서 삶의 터전으로서의 인도네시아가 얼마나 험한 곳인지 미리 인지하면 좋을 것 같다. 이런 악조건을 무릅쓰고 인도네시아에서 꼭 취업해야 하는 이유가 있는지 하나하나 따져볼 필요가 있다.

2) 지독한 교통체증

인도네시아에 처음 출장오는 사람들이, 자카르타가 서울보다 약간 작은 면적임을 확인하고 하루에 4~5개의 미팅을 잡아놓는 것을 자주 봤다. 하지만 자카르타의 악명 높은 교통체증은 하루 3개의 미팅도 허락하지 않을 때가 있다. 특히 8월에 열리는 자카르타-팔렘방 아시안 게임을 앞두고 시내 주요 도로가 공사 중인 요즘은, 자카르타 시내 이동에 차로 한두 시간 걸리는 것은 예사다. 지독한 교통체증은 업무뿐 아니라 일상생활에도 큰 영향을 미치는데 주말에 자카르타에서 150km 정도 떨어진 휴양도시 반둥에라도 한번 가려면 왕복 7~8시간은 각오해야 한다.

교통체증에 더해, 후진적인 인프라로 인해 인도네시아는 '길을 걷는 문화'가 없다. 인도가 있지만 보도블록 중간에 구멍이 뚫려 있거나 도로 밑으로 매설해놓은 통신선과 상하수도관도 곳곳에 노출되어 있어 위험하다. 하천은 썩어 냄새가 나고, 날씨는 습하고 더우며, 공기는 탁하고 오염되어 있다. 실제로 인도네시아는 몰(Mall) 중심의 문화로 주말이면 가족 단위로 대규모의 몰에 놀러 와서 밥 먹고, 쇼핑하는 것이 일상적인데, 이때 걷는 게 걷는 문화의 전부라고 해도 과언이 아니다.

만약 한국의 교통체증에 신물이 났거나 TV에서 보던 야자나무 숲을 주말마다 거니는 것이 동남아 취업의 이유라면 자카르타는 정답이 아니라고 확실히 말할 수 있다. 반면, 쇼핑을 좋아하거나 활동 반경이 넓지 않은 사람이라면 인도네시아의 다양한 몰들을 돌아다니면서 주말을 보내는 것에 만족할 수 있을 것 같다.

3) 인도네시아 말은 꼭 배워야 하나?

무조건 배우는 것을 추천한다. IT 업계에 한정해서 보면, 미팅이 영어로 이루어지는 경우가 많기는 하다. 다만, 현지 직원을 채용·관리하거나 행정 업무를 볼 때 인도네시아어는 필수다. 예를 들어 같은 스킬 세트(Skill Set)를 가지고 있더라도 영어를 할 줄 아는 지원자는 임금이 훨씬 높을 뿐 아니라 절대적인 지원자 수도 적다. 한국에서 인도네시아로 진출한 대기업에서 영어를 하는 직원에게 그렇지 않은 직원보다 2~3배의 월급을 더 주는 경우를 많이 보았는데, 관리자가 인도네시아어를 할 줄 안다면 인건비를 큰 폭으로 줄일 수 있다.

나아가 현지 친구들을 만날 때도 인도네시아어는 꼭 필요하다. 인도네시아에는 다양한 이너 서클들이 존재하는데 그중에 하나가 경제권을 쥐고 있는 화교 집단이다. 사업을 하다 보면, 이들과의 친분이 꼭 필요할 때가 있는데, 인도네시아어를 할 줄 모른다면 그들에게 나는 '그 나라에서 사업하는 외국인'일 뿐이다.

생활 전반에서도 인도네시아어는 필수적이다. 다행히 인도네시아어는 의사소통을 위해 만들어진 '무역 언어'에서 파생되었고, 알파벳 기반이라 배우기도 쉽다. 격변화 및 단어의 성별이 없고, 문법이 단순하며, 시제 표현도 직관적이다. 무엇보다 인도네시아를 정확히 이해하는 데 인도네시아어는 반드시 필요하다. 인도네시아어를 할 줄 아는 사람들은 보통 인도네시아의 각종 정보매체에 직접 접근할 수 있는 반면, 못하는 사람들은 인도네시아에서 살면서도 '인도네시아어를 하는 다른 한국인'이나 '영어를 하는 현지 직원' 등을 통해 인도네시아 소식을 접한다. 이렇게 특정한 루트를 통해서만 정보를 얻는 사람들의 지식은 아무래도 직접 매체를 통해 인도네시아를 접하는 사람들의 지식에 비해 제한적일 수밖에 없다. 인도네시아어가 워낙 쉽고, 보통 3~6개월 공부하면 일상적인 의사소통이 가능하다는 점에서 출국 전 인터넷 강의라도 들어보기를 추천한다. 인도네시아를 보는 눈은 유창한 언어를 기반으로 다양한 정보를 접할 때 더 정확해질 것이다.

그럼에도 불구하고
매력적인 인도네시아

::

부정적인 얘기를 늘어놓고 보니, "그래서 인도네시아 취업을 하라는 거야, 말라는 거야?"라고 의아해하는 독자가 있을 것 같다. 결론부터 얘기하면, 그럼에도 인도네시아는 매력적이다. 신입사원에게 큰 책임을 요구하고, 규제가 심하고 노동 유연성도 떨어지는 국가지만 야망 있는 대학생이나 욕심 많은 직장인에게는 좋은 기회의 땅이기도 하다. 해외취업의 목표가 '일과 여가의 균형', '여유로운 삶', '한국의 복잡함이 싫어서' 등이 아니라, '관리자로서의 경험', '빠른 승진으로 인한 업무 범위의 확장' 등이라면 인도네시아는 좋은 대안이 될 수 있다.

우선, 국가 자체가 역동적이다. 최근의 경기 침체에도 불구하고, 3억 내수 시장을 기반으로 국가 경쟁력이 꾸준히 올라가고 있으며, 젊은 층이 일관되게 글로벌한 트렌드를 쫓는다는 점에서 수준 높은 콘텐츠가 진입하기 좋은 시장이다. 실제로 최근 SM 엔터테인먼트, 넥슨과 같은 전통적인 콘텐츠 사업자부터, 샌드박스 네트워크 같은 벤처 회사까지 인도네시아 진출에 박차를 가하고 있다.

두 번째로, 개인이 발전하기 좋은 환경이다. 관리자라는 것이 결국 고용인과 피고용인의 이해관계를 맞추는 것인데, 이는 한국의 말단 직원이 하기 힘든 경험이다. 더불어 어떤 회사를 가더라도 경영진과 밀접한 관계에서 일할 확률이 높다는 점에서 '고용주를 이해할 수 있는 환경'이 제공된다. 개인적으로는 이러한 장점만으로도 인도네시아 취업을 추천하고 싶다.

마지막으로, 언어다. 말레이 · 인도네시아어는 인도네시아뿐 아니라 말레이시아, 싱가포르에서 공용어로 사용되고 있는데 조만간 중국어 다음으로 주목받지 않을까 조심스럽게 예측해본다. 3억 인구가 쓰는 언어를 쉽게 배울 수 있다는 점은 인도네시아 취업의 큰 장점 중 하나다.

기회는 늘 험지에 있다

::

'아웃스탠딩'이라는 온라인 매체에서 '트레바리'를 서비스하는 윤수영 대표의 인터뷰 기사를 읽은 적이 있다. "남들이 필요로 하되, 남들이 못하는 걸 하거나 남이 하기 싫어하는 것을 하는 것이 이 시대의 생존 방식이다" 정도의 논조였는데, 이 의견에 동의한다. 나와 같은 '평범한 제너럴리스트'는 남들이 못하는 걸 할 수는 없으니 남이 하기 싫은 것을 해야 했는데, 그것이 나에게는 인도네시아 취업이었다.

MBA 졸업 후 다른 일자리 제의를 놔두고 굳이 인도네시아에 간다고 했을 때 사람들은 인도네시아와 말레이시아를 헷갈려 했고, 인도네시아의 수도가 어딘지도 몰랐다. 한 번쯤 들어봤지만, 대부분 제대로 알지 못하는 국가에서 일한다는 것 자체가 나의 커리어를 돋보이게 만들어주지 않을까 생각했다. 그 판단은 틀리지 않았다. 실제로 2017년 한 해에 총 3곳의 IT 회사에서 법인장 레벨의 오퍼가 들어왔고, 인도네시아 진출을 염두에 둔 한국 업체들의 입사 제안도 잦았다.

절대로 나 개인의 역량이 뛰어나서라고 생각하지 않는다. 인도네시아에서 인도네시아어와 영어를 쓰면서 IT 경험을 쌓은 한국인이 드물기 때문이다. 수요와 공급 법칙은 인도네시아 취업 시장에서도 마찬가지이다.

같은 맥락에서 인도네시아 취업만이 정답이라고 생각하지 않는다. 이 글을 읽는 사람들이 나와 같은 제너럴리스트라면 이제 인도네시아도 취업하기에 늦었을지 모른다. 아직도 공급이 부족한 국가로 갔으면 한다. 캄보디아로, 미얀마로, 라오스로 아무도 쳐다보지 않는 곳으로 가서 아무도 할 수 없는 경험을 하면서 기업의 수요를 기다려 보자. 기회는 늘 험지에 있고 험지에서의 경험은 여러분의 커리어를 빛나게 할 것이다.

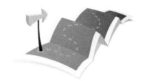

"인생의 모든 문은 두드려야 열린다"